印度聖哲的內在工程

在深夜遇見薩古魯

Sadhguru Jaggi Vasudev、Cheryl Simone

薩古魯・賈吉・瓦殊戴夫、雪柔・席夢

著

推薦專文

◎在知道即將出版書寫關於與薩古魯的對話書籍時，這讓我感到非常的開心與期待，我和薩古魯也有一段奇妙的緣分，也是因為旅行而開始，在一年夏季的尾聲，我正結束一趟漫長的行程，在新德里機場的候機室等待返國的班機，當時已經很晚了接近午夜，機場裡不像白天的喧鬧，候機室的人不多大多數人在低頭滑動手機，我張望著諾大的候機室，發現隔壁登機門角落，一小群人穿著淡粉色的印度傳統Kameez，他們席地而坐，愉快而專注的聆聽其中一位長者説話，那是一位看起來「衝突的和諧感」（我知道這是一種奇怪的形容詞，但實在也找不出合適的語述），長者滿頭白髮白鬚，但目光清澈像是對世界充滿好奇，滿臉笑容的言談不時的逗笑周圍聆聽的人。

長者身上有一種特殊的氛圍，就像接近孩子一樣的純淨愉快（誰不會喜歡接近單純而快樂的人呢？）同時又一種穩定的靜謐，那種穩定的寧靜又像是一種永恆。

一旁一位年輕的女孩合十頭指向年長的智者說「撒古魯？」當時我確實沒見過什麼世面，撒？薩？莎？古魯……沒有聽懂，而白髮智者手拍著右邊身旁的空位，示意我坐下來加入他們一起討論，他說：「come, set here, be free」。

當時的我因為出於羞赧認為自己突然的出現，似乎會打擾他們的和諧，而微笑地婉拒了薩古魯的邀請，當下我的視線餘光幾乎可以看見所有人的惋惜表情，之後不論是在候機時間或在飛機上，一直到進了家門，我滿腦子想著的都是：「啊，那樣的愉快的氛圍是我所嚮往的呀！是我心靈所傾慕的呀！」

透過作者生動的書寫，喚起了當年我在機場的際遇，再次感受到薩古魯豐盛而幽默的智慧，那是真實的，而透過文字，我也與心靈深處的自我再次交流，進行了一次深沉私密的對話，借用 Krishnamuti 一段話來說「認識自我是啟發生命智慧的開端，若非如此，你不會感覺到生命的永恆。」，這樣的對話過程就像 Namaste 的意義——讚嘆生命的存在！

——島嶼芳療師／Fanna

◎老子說：「知人者智，自知者明」。偏偏這兩件都是非常困難的事，但這本書巧妙的用故事巧妙的串起一個個人生的哲理，幫助我們不知不覺中看穿自己的困惑，與人與人之間常見卻又難解的習題，與其看作大師的教導，其實薩古魯只是作為一個陪伴者，幫助我們打開智慧的大門，學習心智的科學，並從中找到自己的力量，成為生命的主宰。

——Goddess Yoga Tw 創辦人／Vicky

◎書中以容易理解的文字，傳遞著充滿啟發性的思想，能讓人重新整理自己在生活與生命議題上的體驗，引領身心由內而外的和諧應對。

——瑜珈老師、YouTuber「Flow with Katie 凱蒂瑜珈」／Katie

◎從作者接待薩古魯過程，我們可以看見一位開悟者如何去體驗他的生命，他會猛踩油門，半夜去划船，對生命的一切體驗都充滿熱情，讓我們突破對開悟者的標籤，體驗到原來生命當中很多的苦都是來自於我們的頭腦，認同了許多的標籤，認為生命應該怎樣怎樣，限制了我們。當我們可以練習用開放的心，去體驗生命的每一個瞬間，我們就能更靠近生命的本質，原來一切都是振動，我們本就和萬物合一，原來生命可以活出任何可能。

——《Mantra 梵唱聽出好心情系列專輯》心靈梵唱歌手、正念瑜伽老師／Kamini 卡蜜尼

◎薩古魯是一名橫亙靈性與生活的偉大大師，他不談論空泛哲理，而是以你的心撰寫屬於你個人獨一無二的靈魂教材，文字的力量來自於靈性的共振，翻閱這一本書，薩古魯的智慧已帶領你洞悉生命的一切。

——宇色（Osel），宇色　靈修暨塔羅牌作家／華人網路心靈電台主持人

◎我無法想像，如果我的生命中沒有薩古魯，將會是何等的晦澀。他使我如此真實的，快樂的活著。

不必再徬徨和尋找了，合十迎向薩古魯吧。讓生命所有的面向，在這個美好的相遇中精采的發生，點燃你生命的火光！

——FB「徽舞蹈一身旅 尋舞 形藝」／黃旭徽老師

◎《在深夜遇見薩古魯》以半自傳的方式，將作者雪柔與薩古魯之間的相處過程，綿密流暢地交織出生命各個面向的深度對談。作者近距離觀察不同面向的薩古魯，讓這位轉世多次的印度上師，呈現出親和、幽默又直指人心的智慧。本書值得一讀再讀，除了揭開這位印度國師的神秘面紗，更能解答人們生活中各種最常見也最難解的人生疑問。

——心靈作家、聖地之旅策劃人／彭芷雯

各界對《在深夜遇見薩古魯》讚譽

「書中沒有崇高的思想，只有事實。雪柔・席夢和薩古魯不僅如實陳述，也教我們如何運用這些資訊來擴展、品味並享受我們的生命。」

——喬・維托（Joe Vitale）博士，《相信就可以做到》（*The Attractor Factor*）和《啟動正向吸引力的鑰匙》（*The Key*）的作者。

「不凡的智慧與洞見、清晰的邏輯、詩般的語言。看了這本充滿力量的書，你將會發現自己以及世人共同的真實面目。」

——尼爾・唐納・沃許（Neale Donald Walsch），《與神對話》（*Conversations with God*）的作者

「書中所談的真理必然會讓你產生共鳴，並受到觸動。你也可能會因此而改變，並且發現（就像我一樣）：任何人只要願意敞開心胸，接納這位偉大上師的慈悲恩典，就能過著平安充實、活力滿滿的生活。」

——德州理查（Richard from Texas），《享受吧！一個人的旅行》（Eat, Pray, Love）當中的人物

「透過薩古魯邏輯清楚、機智風趣的言談，我們認識了生命的本質。透過作者那引人入勝的靈性之旅，我們也認識了薩古魯其人以及他畢生致力傳布的學問。我們因而相信每一個人都應該嘗試體驗薩古魯所教導的事物。」

——拉維.凡卡德桑（Ravi Venkatesan），「印度微軟公司」的執行長

「在經過一番熱切的追尋後能夠遇見薩古魯，是我影響這一生最深遠的一個經驗。我終於找到了一位具有真知灼見與遠大的眼光，能夠帶領我邁向終極目標的人物。儘管這件事的意義超乎言語所能形容，但這本書說出了所有追求靈性的人士所共同面臨的困境，也讓我們看到薩古魯對生命的透徹理解以及他為人們創造幸福的能力。如果你曾經懷疑生命的意義，這本書必然會讓你產生共鳴，感覺它彷彿是出自你的筆下，但又像是專門為你而寫一般。」

——殷杜．詹恩（Indu Jain），「印度時報集團」的董事長

序一

看過暢銷書《享受吧！一個人的旅行》（Eat, Pray, Love）的讀者應該都知道書中那位「德州理查」（Richard from Texas）對作者伊莉莎白・吉兒伯特（Elizabeth Gilbert）所說的諸多「金玉良言」。因這本書，我出乎意料地有了一些「名氣」。媒體說我是「一個令人注目的人物，經常以通俗的金句提供一針見血、既嘲諷又幽默的忠告」。有些人甚至形容我在書中的角色「很有智慧，而且有一個特立獨行的靈魂」。就連著名的電視脫口秀主持人歐普拉・溫芙蕾（Oprah Winfrey）也邀請我這個「出奇睿智的牛仔」參加了她為吉兒伯特和其暢銷書所製作的那集節目。

看過《享受吧！一個人的旅行》的讀者應該都知道，過去我不僅曾經吸毒、酗酒，還是個藥頭（吉兒伯特的說法比較委婉。她說我是買賣「非法麻醉劑」的「商品經紀人」）。但你們不知道的是我如何從一個毒蟲、酒鬼變成一個能夠給人睿智忠告的「大德州瑜伽行者」（Big Texas Yogi）。當然，有一部分原因是我從過去的慘痛經驗中得到了許多教訓，但更重要的是，我有幸得以追隨兩位偉大的導師。第一個是吉兒伯特在書中所提到的那位，但因為她不願透露他的姓名，所以我也要姑隱其名。第二位則是薩古魯。

我雖以擅長說出令人難忘的金句聞名，卻不知道該如何形容像薩古魯這樣一位不可思議的人物。事實上，我之前從未見過像他這樣的人。他非常與眾不同，一點兒也不像是我們美國人印象中典型的東方古魯。他特立獨行，不迎合世俗，愛講笑話，經常穿著牛仔褲和T恤，也喜歡丟飛盤。然而，對一個熱切追求靈性的人而言，他卻是當今最頂尖的靈性導師，一個能夠讓你實現所有可能性的古魯。

我初次遇見薩古魯是二〇〇五年的事。當時有一位好友邀請我去上一堂「內在工程」（Inner Engineering）的入門課程（她本人在上了課之後已經改頭換面）。不但如此，她還幫我買了機票，付了旅館的錢和上課的費用，因此我實在無法用「不行，我太忙了……」等藉口來推託。於是，我就真的去上課了。我還記得我坐在那家旅館的會議室裡，看到薩古魯走進來時，身體居然感到一陣戰慄。

當他轉過頭來，面向我們時，我看著他的眼睛，感覺有些暈眩。他的眸子裡滿是愛意，像兩潭深水一般把我吸了進去，將我包裹住。這是我從未有過的體驗。當時我心裡只有一種想法：「哦……這真的太不可思議了！」接著，他便開口說話了。

他的字字句句都引發了我內心深處強烈的共鳴，連我的身體、我的細胞幾乎都被觸動了。總而言之，我當時完全被電到了。

課程結束後，我去找他，向他提到了我當時的心臟狀況。你還記得吉兒伯特曾經在她的書中提到我向上天禱告，請神幫助我把心打開，結果後來我就真的「把心打開」，做了四條冠狀動脈的繞道手術嗎？隔了五年之後，同樣地問題再度發生：我的心臟病又發作了。我因此必須像吃糖果一般，天天服用硝化甘油。當時我感覺自己已經來日無多。醫生也告訴我，他們已經無能為力，建議我開始準備後事。

那天，我問薩古魯是否有辦法幫我。他說：「有的，但我現在沒有這個時間。你得回來參加另外一個課程。」聽到這話，我不禁心想：他還真會推銷呀！這樣一來我就非得再回來上課不可了。

於是，後來我便前往設於薩古魯的靜修處內的「健康與回春中心」（Wellness and Rejuvenation Center，位於印度南部維靈吉瑞山脈的山麓丘陵附近）去上第二堂課。當時他為我量身打造一套療法（他對參與該課程的所有學員都是如此），包括瑜伽練習、飲食調整、阿育吠陀療法和悉達醫學等。結果過了一個月後，我就好像換了一個身體似的，所有的毛病都消失了，我也不用再擔心死神隨時可能找上門了。

到目前為止，我已經上過薩古魯所開的每一個進階課程。比起我上過的其他許多課程，薩古魯的獨到之處在於：儘管學員眾多，他還是會個別為他們調配專屬的「瑜伽雞尾酒」，將各種形式的瑜伽以適當的比例加以調和，讓每一個人都能達到自己的期望。我就是其中一個成功的例子。瑜伽雖然是一門古老的學問，已經有幾千年的歷史，但對我來說一直遙不可及，直到遇見薩古魯為止。他在極短的時間之內就讓我體會到了瑜伽的奧妙。

在追隨薩古魯的期間，我根據他所傳授的方法練習，受惠頗多。最重要的是，我感受到了他自然流露出來的慈悲。這讓我有了很大的改變。現在的我活得自在、喜悅，內心平靜而安詳，不再因日常瑣事而鬱結。我很慶幸自己能夠認識薩古魯並追隨他的腳步。這是我今生莫大的福分。我滿懷感恩，也把這樣的福分和我的兩個兒子分享。如今他們也加入了艾薩瑜伽的行列。

現在，我希望你們也能擁有這樣的福分。只要閱讀《在深夜遇見薩古魯》這本書，你們就可以親炙薩古魯的風采。這本書以一種充滿人味的方式描述薩古魯，文字淺白易懂。你不需要有任何背景知識就能理解書中所要傳達的道理。即使是那些已經進入瑜伽殿堂的讀者也能從書中得到新的啟發。

本書的作者雪柔．席夢何其幸運，能夠請到薩古魯在她的湖畔寓所作客一個星期，好讓他能處理一些要務。在這段期間，她每天都利用夜晚的時間和他促膝長談。能和一個已經開悟的大師相處這麼長的一段時間，委實是一個很難得的經驗。讀者們透過這本書也可以分享她的經驗。

你可以和雪柔一起展開這趟靈性之旅，和薩古魯並肩坐在火堆旁，乘船遊湖，仰觀天上的星辰，並且和他對話，聆聽他的洞見。閱讀《在深夜遇見薩古魯》，你將得以像雪柔一樣，親近這位偉大的心靈導師，並見證發生在她身上的巨大轉變。

書中充滿了各式各樣淺白易懂而且非常實用的智慧結晶。我相信那些真理將會讓你產生共鳴，受到觸動，甚至因而產生改變。就像我一樣，你將會發現：只要你願意敞開心胸，接受來自這位偉大上師的慈悲恩典，就能過著平安充實、活力充沛的生活。

因此，你可別錯過了《在深夜遇見薩古魯》所提供的這個難得機會。現在，就請你倚著靠背舒服地坐在椅子上，放鬆身心，蹺起腳來，親自聽聽薩古魯怎麼說吧！

——理查．佛格特（Richard Vogt），又名「德州理查」（伊莉莎白．吉兒伯特的《享受吧！一個人的旅行》當中的一個人物）

序二

身為一個獨立的編輯和作家，我很幸運能和一些聰明、優秀的作者合作撰寫各類關乎靈性的題材。我在閱讀雪柔·席夢的稿子，看到她描述其自身的經驗和有關薩古魯的種種時，立刻覺得我們是同一類人。不僅如此，她也讓我很渴望遇見這位特立獨行、愛開快車、言談幽默而且擅長運動的上師。

席夢筆下的薩古魯有一部分很像是我在一些書裡面讀到的古代上師，但又比那些隱居在高山的傳統古魯要有趣得多。我們從字裡行間就可以充分感受到他的幽默感以及他對生命的熱愛。這幾十年來，我就像席夢一樣，一直在尋找一條正確的、能夠把我帶往喜樂之地的靈性道路。我發現這本書所描述的正是一趟朝向開悟的旅程。

對有意進入薩古魯世界的人士（尤其是鮮少接觸「上師」或「開悟者」的西方人士）而言，席夢顯然是最佳的嚮導。她在書中提出的都是「大哉問」。她具有強烈的好奇心和敏銳的頭腦，能夠幫助我們探索問題的核心。在面對像薩古魯這般氣勢強大的人物時，有些人可能會感到膽怯，但席夢卻不然。她很清楚：薩古魯能夠解答長久以來她心中所縈繞的各種疑惑，因此她絕不肯讓這個機會平白溜走。儘管她之前從未有過著書的經驗，但她對此一題材的熱衷讓她得以用一種淺顯直白、極具個人特色的方式來書寫她的故事，幫助大家了解那些往往頗為抽象的概念。

剛開始時，席夢就像那些老派的人士一般，對所謂的「上師」有些存疑。隨著她逐漸放下疑慮，我們也不禁開始相信薩古魯確實是一位如假包換的「上師」。他不僅能夠出入於無盡的時空中，也有辦法帶著我們一起前往。

在讀完席夢的稿子八個月之後，我終於得以參與薩古魯手下的一位教師所指導的「內在工程」課程。儘管薩古魯本人並未親自授課，但所有的學員都可以感受到他的存在，其中有些人甚至有了一些很不尋常的體驗。除此之外，我也注意到：那些一直遵照薩古魯指示修行的志工，每個人的眼睛都炯炯有神。他們是我所見過最親切、最有愛心的一群人，不會給人任何壓力。

上完課後，我心想我顯然是那種很不容易開竅的人，因為我在課程中並沒有「覺醒」的體驗，而且上完課後還是一樣的脾氣暴躁。不過，由於我實在很想在靈性上有所成長，於是便遵照老師的指示繼續不斷地練習。更何況，我還記得席夢曾經提到她在靈性的道路上所面臨的種種考驗。她說她從前經常納悶為何別人都有比她更棒、更深刻的冥想經驗，但她提醒我們：追求靈性的目的並不在於獲取「經驗」，而是要自我轉化。有些人可能需要一些時間才能卸下心防。

上完「內在工程」課後，過了兩個星期，我便前往薩古魯在田納西州的靜修處，去上由他親自指導的另外一門課程。最初，我純粹只想享受上課的過程，並不指望能像別人那樣感受到什麼。但上了兩天後，我的生命就有了改變。當時我在日記中寫道：「這個週末，我和一位上師在一起。他把我的心剖了開來，讓我血流成河。我喘著氣跳進了那足以令我滅頂的河水中，痛苦地啜泣，直到我感覺自己被一群小小的金魚抬了起來，漂浮在河面上。我那殘破的影子在岸上哀號，揮舞著一把鈍劍。到了該走的時候，我便揚帆啟航，把影子留在身後。此時遠方響起了陣陣鼓聲！」

我心想：幸好我在上課前已經讀過席夢的書，讓我能事先了解課堂上所討論到的一些概念，並且敞開心胸接納未知的事物。此外，我也發現：能夠近身向一位大師學習，固然是一件很美好的事，但真正能夠改變生命的是他所傳授的方法。當我依照課堂上所學到的方法不斷練習之後，逐漸感受到席夢在書中所描述的好處：我的健康狀況改善了，體力變好了，專注力也提升了。不但如此，有時我的心中還會浮現一股莫名的喜悅之感。

長久以來，一直有人教導我們要活在當下。還有人說：「世間種種都是夢幻泡影」、「天國就在我們心中」等等。這些境界我們或許能理解，但對大多數人而言，困難似乎在於該如何達到。我們要怎樣才能從頭腦上的理解邁向實際的體驗？多虧席夢寫的這本書，我感覺自己在這條道路上已經邁出了幾小步。我希望我能走得更遠，但就算我停留在目前的狀態，也比從前要好得多。對我而言，只要能獲得些許平靜，就彌足珍貴了。

如果你已經上過薩古魯的課程，本書將可解答你之前或許不曾想過的一些問題。如果你之前連薩古魯的名字都沒有聽過，本書將會讓你大開眼界，知道世上確實存在著一些不可思議的事物。這讓我們的內心充滿了希望：或許有一天，我們真的可以開悟，並從此超脫生死輪迴。

這是一本值得你一讀再讀的書。書中不只收錄了薩古魯的許多金句，更是一個追尋靈性的人和一位已經悟道的上師之間所進行的一場深入而複雜的對話。你每讀一次，就會有更深一層的體悟。你在書中可以得知薩古魯的前世與今生，汲取他的智慧，甚至感受到他的愛。

——佩特・麥克依努蒂（Pat MacEnulty）合十

作者註：佩特・麥克依努蒂是佛羅里達州立大學的創意寫作博士。她所撰寫的劇本和小說曾數度獲獎，著作包括四本書、許多短篇故事、散文、詩和劇作。此外，佩特也曾為青少年寫過好幾個劇本，包括已經由豪雅出版社（Heuer Publications）出版的《帕克和他的愛情魔藥》（Puck and the Mushy, Gushy Love Potion）。她目前正在撰寫另外一部長篇小說，並將她的一本著作改編成電影劇本。除了寫作之外，她也教書、帶領工作坊、擔任寫作教練，並且是一位自由編輯。

謝辭

由衷感謝所有以各種方式促成這本書誕生的朋友以及所有在靈性道路上與我同行的夥伴，包括：

薩古魯：他的偉大已經超越了我能以言語形容的範圍。他改變並開展了我的生命中的許多面向，並且至今仍影響著我。這是我今生所得到最寶貴的一份禮物。

大衛·柯克朗（David Cochran）：他是我今生的夥伴和愛人。他對我的耐心、支持與熱情幫助我度過了許多難關。

我的兒子：他因為愛我，自願犧牲了和我相處的時間。

史瓦米·尼薩嘎（Swami Nisarga）：印度的一位托缽僧，對本書有許多實質性的影響。

羅思帝·費雪（Rusty Fischer）和貝思·巴塞特（Beth Bassett）：出版社的編輯。他們幫助我把一個奇妙的經驗變成了一本書。

佩特·麥克依努蒂（Pat MacEnulty）：自由編輯。她給了我無比重要的協助，而且現在也和我一同走在靈性的道路上。

席歐布罕·唐納利（Siobhan Donnelly）、蓋爾·伯恩思（Gail Burns）、巴比（Bobby）、史瓦米·薛拉許（Swami Shailash）和麥克·史諾格拉斯（Mike Snodgrass）：他們對我的熱忱、友誼以及多方的協助是我的無價財富。

「新葉行銷公司」（New Leaf Distributing Company）的金吉兒·普萊斯（Ginger Price）：她很早就看出了這本書的價值，並且促成了它的誕生。

拉雷·平斯凱（Raleigh Pinskey）：他具有豐富的公關知識，也是一個讓人開心的工作夥伴。

鮑伯·傅萊德曼（Bob Friedman）以及其他所有在「漢普頓錨地出版社」（Hampton Roads Publishing）的朋友。

目錄

CONTENTS

INTRODUCTION

引言

內在有一股賦予你生命的力量。

去追尋吧。

——魯米

曾經有多年的時間，我不斷地追尋，希望得以開悟並獲得內心的平靜，但卻徒勞無功。就在我決定放棄追尋，盡量把日子過好時，我便遇見了神祕學家薩古魯（Sadhgura Jaggi Vasudev）。他是一位已經開悟的瑜伽行者。他進入了我的生命，使我的人生從此改觀。

全球各地人有許多人士都認為他是一個不可思議的人物，不僅積極參與世俗事務，也潛心於靈性的領域。無論做為一個人或一位上師，他都超乎我的想像。

在遇見薩古魯之前，我曾經追隨過許多導師，修習各個不同的靈性學派。我參加過幾十個靈修營，讀過許多討論靈性和哲學的書籍，也曾造訪世界各地的靈修場所，包括印度、尼泊爾、西藏和巴西等等。我懷著滿腔的熱望，但歷經多年的嘗試與不斷地努力之後，我仍然一無所獲，並沒有得到我想要的答案。

我的意思並不是那些靈修方式沒有價值。只是它們不能滿足我的需求，無法把我帶到我想去的地方。因此，在歷經了三十多年徒勞無功的追尋之後，我感到失落，不知道下一步該怎麼做。

更令我感到挫折、不解的是：從所謂「美國夢」的標準來看，我的人生似乎頗有成就，因為我不僅生活優渥、見多識廣，擁有愛我的人、美滿的家庭和許多朋友，還有屬於自己的事業和許多的閒暇。我有一棟座落於山間湖畔的房屋，可以隨時前往湖濱散步。我有一個愛我、尊重我的伴侶。我們雖然已經相伴二十六個年頭，但人們都說我們見到彼此時，眼神仍會發亮。此外，我和我的兒子也非常親密。因此，你可以說我是人生勝利組。我有很棒的先生、乖巧的兒子、可愛的狗，還有一棟風景美麗的房屋，已經什麼都不缺了。

然而，我要的不只這些。我渴望對生命有更透澈的了解和更多的體驗。我渴望某種更巨大的、難以言喻的「事物」。當人們內心有了這種不滿足的感覺時，往往會透過各式各樣的方式填補，例如喝酒、吸毒、搞外遇、拚命工作或運動等等，我則是試著透過物質上的慰藉和忙碌的工作來壓抑這種渴望。雖然我本能地知道我想要的東西只有在內心找得到，但我還是一直期盼能藉著外在的成就來得到滿足。因此，我不斷地追求成功，但一個目標達到了之後，新的目標又出現了。如此周而復始，永無止境，到最後，連我自己都厭倦了。

除了厭煩之外，我心中還有一股罪惡感：我明明已經擁有一切了，為什麼還不能滿足呢？生命難道就只是這樣嗎？

除了隱隱的焦躁與空虛感之外，我因為長年拚命工作賺錢，也出現了慢性壓力症候群、疲勞、甲狀腺機能亢進和失眠等毛病，並因而不得不服用各種藥物。

於是，我開始問自己：我既然能為自己創造一個美好的外在生活，為什麼卻一直無法得到心靈上的平靜，感受不到無條件的愛，甚至對自己一點也不了解呢？我一直是個很正向的人，也是個行動派，從來不曾為了生命中的任何事情怪罪上帝或宇宙。但我開始思索：我是否有可能從一個更寬廣的角度來掌控自己的人生與命運？一般的人是否真的有可能徹底掙脫無明，明心見性、心懷慈悲、克己自律？我們是否有可能得到永恆的喜樂？

這本書述說的是我如何遇見薩古魯並且跟著他探索生死與命運的問題，以及我在這個過程中如何發現自己不僅確實有可能改變而且事實上已經開始改變。過了幾年後，他在因緣際會之下來到我在山中的寓所作客了一個星期。

本書所描述的便是這段期間所發生的種種。書中許多人物的姓名都是化名，但薩古魯所說的話語和他那些奇妙的經歷都百分之百真實。不過，在我開始進入正題之前，我要先講一下我在遇到他之前的那段心路歷程。

CHAPTER I

第一章
我的追尋

我爬過高山越過原野……

我奔跑、爬行

我登上這城牆

只為與你相遇

但卻未發現我所找尋的事物。

——愛爾蘭 U2 搖滾樂團主唱波諾（Bono），1987

打從我有記憶以來，就一直在追尋。

但當時我並不明白這一點，只以為自己是個好奇寶寶。兒時的我腦子裡總是有一個又一個疑問：我們來自何方？為什麼會在這裡？一粒種子怎麼會長成大樹？大樹又怎會結出種子？原本沒有的東西怎麼會突然冒出來？對我來說，這些都是很基本的問題，我非得找出答案不可。後來，我又有了更深一層的問題：我們死後會變得怎樣？世上究竟有沒有上帝或造物主？我為什麼會存在？我熱切地想要解開生命的奧祕。

對於這類的「大哉問」，宗教與科學界雖然提供了諸多解答，但卻無法令我滿意。這類疑問仍然不斷在我的腦海中浮現，而且我渴望能夠找到答案。

我生長在麻薩諸塞州的萊辛頓（Lexington）。那是一個在歷史上頗有名氣的小鎮，有許多屬於殖民地時期的美麗建築。那些房屋都座落在寬敞遼闊、綠意盎然的草地上，距馬路有一段距離。鎮上住的都是有錢人，他們的小孩都不愁吃穿。鎮上的學校採用先進的教學法，還曾經獲獎。我的父親是成功的企業家和商人，我的母親則是家庭主婦。萊辛頓的小學在麻州名列前茅。這也是我父親之所以會遷居那裡的主要原因之一。在當時，如果你不想把小孩送到私立的寄宿學校去唸書，你就得把家搬到萊辛頓。有許多哈佛大學的教授、科學家、工程師和醫生都住在那兒。那是新英格蘭地區一個風景如畫、治安良好而且有歷史的美好小鎮。

我第一次經驗到死亡是在我小學一年級的時候（當時我們尚未搬到萊辛頓，還住在麻薩諸塞州的莫爾登市）。我記得事情發生在一個美好、溫暖、陽光普照的春日。在經過了漫長的冬天後，大家都開心地準備迎接新的開始，但這樣的心情卻在校長走進我們的教室後被破壞殆盡，因為他神情嚴肅地宣布：我們班上的一個女生死掉了，以後不會再來上課了。當時我甚至不知道「死」是什麼意思。我心想：「她死了？這是怎麼回事？她去了哪裡呢？怎麼可能就這樣無緣無故地消失了？怎麼可能從此就不再回來了呢？」這些疑問啃噬著我的心靈。沒有人（包括在我心目中應該是無所不知、無所不曉的我的父母）能夠給出令我滿意的答案。

後來，我不知怎地找到了那個女孩所住的地方。說真的，我實在想不起來我當時是怎麼辦到的，因為她家距我家頗為遙遠，而且並不在父母容許我自行探索的範圍內（每次我只要一越界，我母親就會大聲地吹著口哨，把我叫回去，讓我超尷尬）。她家的房子座落在街角一處寬廣的草地上，是一座傳統的新英格蘭式的兩層樓建築，外觀是白色的，貼著護牆板，配上黑色的百葉窗。我看到房子的外牆上靠著一輛藍色的「史溫」（Schwinn）牌女童腳踏車，前面還裝有籃子，心想不知道這輛車是不是那女孩的。我敲門後，發現她的爸媽都在，讓我有些驚訝，因為我爸爸白天時從來不在家。女孩的父母看到我雖然很驚訝，但還是請我進去。我們聊了幾分鐘後，他們就帶我去那個女孩的臥房看看。進入一個死人的房間，感覺怪怪的。我看到房裡漆成白色，床上鋪著粉紅色的床罩，配上粉白相間、有褶邊的窗簾。我環顧架上擺得整整齊齊的玩具、娃娃、遊戲用品、和動物造型的填充玩偶。她的枕頭旁邊也躺著好幾個動物玩偶和娃娃。衣櫥的門還開著，彷彿她才剛從裡面拿出衣服要穿，準備上學去。

看著她的爸媽，我一一提出了心中的疑問：她到底發生了什麼事？她去哪裡了呢？我想他們必然可以給我一些解答，畢竟他們是她的父母。現在我已經不記得自己當時究竟問了哪些問題，也不記得他們如何回答了。我只記得他們對我非常親切，而且似乎很高興我來了。但在我的感覺中，那棟房子已經少了一個很重要的部分，彷彿出現了一個大黑洞。我想離開時，她的父母似乎很捨不得，用盡各種藉口想把我留下來，一會兒問我要不要吃點什麼或喝點什麼，一會兒又問我想不想看電視。我雖然為他們感到難過，但當時天色已經開始變黑，我如果再不回家，可就要倒大楣了，於是只好告辭。這次探訪並沒有讓我找到任何答案，只感受到巨大的空虛、失落和傷痛。

我第二次直面死亡是在十歲的時候。那年，我的爺爺死了。他和我的奶奶住在我家附近。每次我經過他們家時，他一看到我，總會交代一些差事給我做。但身為一個小孩，當時我滿腦子只想要玩耍和探險，因此我經過他家時，總是躡手躡腳，深怕讓我的爺爺看到，要不就是乾脆繞道而行，以免讓他撞上。他過世之後。我每次想到自己錯過了那麼多與他見面的機會，心裡就很難受。從此，我便下定決心在今後的人生中要好好地活，再也不要留下任何遺憾。那一年，我雖然只有十歲，卻已經體驗到世事的無常。

這些經驗讓我越發想要探究人生的奧祕。我經常想到死亡，但只是對死亡這件事感到好奇與不安，並不因此而變得消沉或沮喪。

在成長的過程中，我看了許許多多有關哲學、靈性與宗教的書籍。只要是討論死亡的書籍我都不會錯過，希望能藉此消除我對生命的疑惑。此外，我也想知道該如何才能擺脫庸庸碌碌的人生。我一直認為，人的一生除了出生、長大、工作、吃飯、睡覺、賺錢和死亡之外，總該還有些什麼吧！透過閱讀，我認識了一些超脫世俗、與眾不同的人物，例如耶穌、佛陀和孔子等等。除了閱讀有關他們的書籍之外，我也涉獵了玄學、超心理學和巫術等範疇，嘗試從科學以外的角度來看待宇宙與人生。我想知道各個宗派的大師是怎麼說的：他們對生命有何體悟？他們如何才得到這些體悟？他們何以能夠成為一代宗師？他們是否天生就和一般人不同？

但我發現：那些仍然在世的「大師」（無論是我在書上讀到或實際遇見的）所宣揚的都是他們從老師那兒學到、從別人那裡聽到、或從書本上得知的知識，不是他們親身的體驗。就這樣，在歷經多年的追尋之後，我開始擔心自己可能到死都無法認識生命的真相。更讓我沮喪的一個原因是：我在人們眼中向來是個頭腦很好的人，甚至是學校裡的資優生。按理說，我應該很聰明才對，但為什麼我還是無法找到答案呢？這點簡直讓我快要抓狂。

不過，我心裡還是懷抱著一絲希望：說不定我在死亡的時候就能夠得到答案。畢竟，人或許必須經歷死亡才能了解生命是怎麼一回事。但我又想：萬一我在死的時候還是一無所知，那不是更糟糕嗎？我心中一直存有這樣的疑惑：為什麼我們不能在仍然活著的時候認識生命的奧祕呢？耶穌和佛陀顯然知道答案，但問題是他們已經作古了。事實上，似乎所有知道答案的人都已經不在人世。

後來，在我十五歲那年，發生了一件很奇怪的事。有一天，我因為得了流感而必須在家休養。突然間，我看到我家的門廊上放著一本書，上面還附了一張寫著「給雪柔」等字樣的紙條。我從不曾去書店找過這樣一本書，甚至不知道它的存在，但不知何故，它卻像變魔術一般突然出現在我家的門廊上。我一直不知道那是誰送來的，但我很高興他（她）做了這件事。

那本書不同於我之前所讀到的任何一本。書中談到了來自東方的一些瑜伽行者和有關瑜伽的種種，並說瑜伽能讓人充分發揮自身的潛能。我之前從未聽過這樣的說法。我雖然接觸過哈達瑜伽，但對我而言，那只是一套能讓身體更加柔軟靈活的伸展練習而已。但這本書卻介紹了一位來自印度的神祕學家，並描述他和其他一些人如何因修習瑜伽而有了改變，不僅靈性大幅提升，甚至還得以開悟。我從來不知道除了佛陀和耶穌等人之外，還有人能夠這樣。

這本書名叫《一個瑜伽行者的自傳》（The Autobio graphy of a Yogi），作者是印度的神祕學家帕拉宏撒·尤迦南達（Paramahansa Yogananda）。因著他，我才明白我所追求的自由便是自我覺醒，也稱為「開悟」，而所謂「自我覺醒」便是看破所有的幻象，認清真實的自我。書中指出，人類對於實相的認識都是片面而扭曲的；

我們以為自己與眾生和萬物是分開的，但事實上，我們都源自同一個能量。愛因斯坦也曾經說過類似的話。他說：「人是一個整體（我們稱之為『宇宙』）的一部分，受到時間與空間的限制。他們根據自己的經驗，認為他們的存在、想法與感受和這個整體的其他部分是分離的，但這是一種錯覺。這樣的錯覺有如一個牢籠，使我們封閉自我，只想到自己的慾望，只關愛身邊和我們親近的人。我們的任務就是要掙脫這個牢籠……」此外，愛因斯坦也指出：「現實只不過是一個幻象，但卻很不容易打破……」根據尤迦南達的說法，我們有能力打破這個幻象，以一種嶄新的方式認識、理解並體驗生命，但這樣的領悟唯有透過自己親身的體會（而非頭腦的理解）才能獲得。尤迦南達還說，當一個人開悟時，他的自我意識（那個與萬物分離的「小我」）會融入浩瀚無邊的宇宙，與萬物合而為一，充滿喜樂，不知死亡為何物。看到這裡，我立刻明白這便是我一直在追尋的境界。

不僅如此，這本書也讓我有了希望：原來像我這樣的凡夫俗子也可以達到開悟的境界。我開始相信自己能夠超脫「小我」的限制，真實地體驗生命，而瑜伽便是讓我們得以掙脫束縛、解放自我的一種方式。我將可以藉此找到自己想要的答案。想到這裡，我真是興奮極了。

然而，眼前我卻面臨一個很大的障礙。要修習瑜伽，必須在「上師」的指導下進行，才能發揮最大的效益。根據尤迦南達的說法，所謂「上師」，指的是一個已經徹底得到解脫、不再陷入「人我分離」的幻覺、能夠接觸到其他的維度，對生命也透澈理解的靈性導師，他可以幫助我們驅散黑暗、移除障礙、掙脫無明。看到這裡，我馬上想到：如果我能追隨這樣一位靈性導師，事情一定會變得容易許多。但問題在於：我今生是否有可能找到這樣一位導師呢？

在《一個瑜伽行者的自傳》中，尤迦南達明白指出，他非常幸運，得以遇見他的上師。這是他這一生最重要的一個關鍵。然而，他後來的描述卻讓我開始有些擔心了，因為他的上師認為人唯有透過紀律才能開悟並達到極樂的境界，因此對他的要求非常嚴格。但這是我做不到的。我無法和別人建立這樣的師徒關係。我心想：這是什麼道理？紀律和自由到底有什麼關係？

這下我可碰到了一個大難題，因為這樣的關係並不是我想要的。

我雖然渴望能夠得到自由與喜悅，但當時才十五歲的我還是個狂野任性、愛好冒險、桀驁不馴的孩子，不想要受到紀律的束縛，也不想聽命於任何人。況且，在這樣的師徒關係中，身為弟子的人必須對老師忠誠不二。這點讓我感到很不自在。

我可不想鞠躬哈腰地膜拜別人。

這已經是一九六〇年代的事了。我有沒有提過：當時我一直不斷地在追尋。我追尋智慧，渴望自我實現。青少年時期，我不斷進行各種實驗與探索。當時，我所居住的萊辛頓市距離哈佛大學只有二十分鐘的車程，而任教於該校的帝莫西・利里（Timothy Leary）和理查・艾伯特（Richard Alpert）——後來改名為拉姆・達斯（Ram Dass）——兩人就在校內展開LSD（一種迷幻藥）的實驗。我所就讀的那所高中原本防範嚴密，但不久後還是被LSD入侵了。有很多人開始拿來試用。當時我有一個名叫巴瑞的好友。他有一位就讀於哈佛大學的姊姊也拿一些LSD給他，他試用之後就愛上了它。

儘管當時夜間新聞經常播報人們在服用LSD後做出各種瘋狂行為的消息，但巴瑞告訴我服用LSD後會對這個世界有新的體悟，於是我便加入了他的行列。

當時，距我家不遠處有一大片空地。我們學校有很多學生都在那裡舉行派對。期間，我們會一邊聽著汽車音響中大聲播放出來的吉米・亨德里克斯（Jimi Hendrix）、珍妮絲・賈普林（Janis Joplin）和吉姆・莫里森（Jim Morrison）等人的歌曲，一邊服用LSD。那裡真是從事迷幻藥實驗的理想場所。當LSD的藥效發作後，草地、天空和樹木都變得無比鮮活，而且充滿了宇宙能量。萬物不僅有了生命，而且還散發著愛的感覺。大家一起歡笑、飛行、哭泣與死亡。我感覺自己開始擴展、爆發，將整個宇宙都含納在內。那真是一種很不可思議的感覺。我相信這便是尤迦南達所描述的境界之一。但我無須遵守任何紀律，便嘗到了這般的喜樂。我心想，這真是太棒了。我何其幸運，居然能夠發現這樣一條通往開悟的捷徑！——我一直這麼想，直到我們垮掉為止。

我一直有一個感覺：我內在的某個部分似乎一直在觀察著我的生活。在服用LSD後，我感覺那個部分的我彷彿才是「真正」的我。但是當藥效退去時，這種感受就消失了。就這樣，我和我的朋友每次在經歷意識的大幅擴展之後，又必須回到沉重的現實。藥效一過，什麼都沒有留下來。我的智慧沒有絲毫增長，意識也恢復到原來的狀態，那種充滿愛的感覺也消失了。我因此深感挫折。生命明明還有許許多多我們所不知道的面向，但為什麼我只能短暫地感受到那種天人合一的境界、無條件的愛以及喜悅幸福的感覺呢？這讓我的心中產生了更強烈的渴望。

當時，有許多人都試著要了解生命的意義。大家都熱切地追尋，而且一切看起來是如此的真實。我們認為自己堅不可摧，想要改變這個世界。那是一段年少輕狂、興奮躁動的歲月。年輕的心渴望著做一些不一樣的事情，讓這個世界變得更加美好。我們感受到和平與愛。我們有很棒的音樂。我們跳舞、走上街頭抗議，享受著歡樂的時光。感覺上有很多人都清醒了。大家都試著把自己的生命發揮到極致。

然而，與此同時，我們周遭也有許多人被死神奪走了性命。

當我們把雛菊插進軍人的步槍裡，為和平而示威時，電視新聞播出了陣亡官兵的靈柩被運回美國的畫面，我們也看到了越戰中美軍和越共雙方令人駭異的傷亡慘狀。在國內，我們有不少朋友死於吸毒過量，其中有些是意外所造成，有些則是蓄意自殺。此外，還有一個又一個芳華正茂的年輕人因為飆車意外而死亡。他們開著汽車或騎著摩托車飛速前進，睥睨死神，以為自己的生命不可能有完結的一天。這是何其可怕的一種浪費！

巴瑞是個很聰明的傢伙，無時無刻不在學習。他的父親是哈佛大學的教授，而他是我所認識的人當中唯一會以閱讀百科全書作為消遣的人。他似乎對每一個科目都有興趣，但他也有著非常衝動躁進的一面。我經常想他以後不知道會有什麼樣的下場。

有一次，他和一個名叫麥克的朋友（據說他是我們學校裡智商最高的一個）爭論誰比較聰明。其實他們兩人的智商應該只差個一、兩分，但在他們那個書呆子圈子裡，這卻是很了不得的一件事。爭論到一半，他們同時轉頭看著我，問我認為他們兩人當中究竟誰比較聰明。麥克固然是我多年的朋友，但巴瑞卻是我的男友，因為他想必心中暗喜，認為我一定會站在他那邊。

但我的回答卻讓他大吃一驚。我說：「巴瑞，麥克絕對比你聰明。」

他一副難以置信的模樣：「什麼！你怎麼可以這麼說？你那麼了解我，應該知道我的頭腦有多好！這點應該沒有人比你更清楚！」

「沒錯，我確實很了解你。」我答道。「所以我才認為麥克比你聰明。他以後一定會有一番作為，但根據我對你的了解，我認為你將來很有可能會一敗塗地。」

後來，我們分手了，但仍然維持朋友的關係，彼此經常會通電話。我上大學後，他也不時寫信給我。但後來我就逐漸疏遠他了，因為我再也不想和毒品扯上任何關係。我知道：我如果再不改變自己的生活方式，一定會自取滅亡。

麥克後來的情況如何，我不知道，但巴瑞在他二十五歲那年就因為吸毒過量而死亡。在那之前幾年，他的姊姊也自殺了。當時我心裡非常難過，也很擔心這件事會對巴瑞造成不良的影響，沒想到他後來也死了。聽到這個消息，我真的很遺憾之前沒有人（包括我在內）能夠出手相助，讓他改弦易轍。巴瑞最初吸食毒品，只是為了一時的好玩，沒想到卻因此葬送了自己的性命。事實上，他們姊弟兩人什麼都不缺，也都很有才華，卻在如此年輕的時候就把自己的生命浪費掉了。想到他們的父母一連痛失兩個孩子，我的心簡直快要碎了。我無法想像他們要如何承受這樣慘重、無謂的損失。更何況巴瑞過世時，我已經有了一個三歲大的孩子。身為人母，我真不知道巴瑞的母親在失去孩子之後要如何活下去。

這些直面死亡的經驗（從小學時那個和我不熟的小女孩，一直到我的朋友們）讓我越發渴望了解生命的意義，也讓我無法再否認一個事實：無論是我自己，還是我所愛的人，每個人終將都難逃一死。一想到死亡所帶來的重大影響以及它必然會來臨的事實，我更決心要繼續我的探索。

我們那個世代的青年缺乏指引，也不相信任何權威，甚至對三十歲以上的人都敬而遠之。我心想當時如果有合適的人帶領、引導我們，幫助我們以建設性的方式運用那股散亂而叛逆的青春能量，我們就可以改變自己，改變這個世界。

那段時期，我雖然過著放蕩不羈的生活，但早在我讀到《一個瑜伽行者的自傳》之前，就已經對冥想很感興趣。對我而言，冥想並不是一門學問，而是一件很有樂趣的事。因此，我十五歲時就正式跟隨一位名叫瑪姬的靈性導師學習如何冥想並管理自己的心智。瑪姬是波士頓地區的名人，經常在廣播電台中談論靈性的問題。由於她和我父親的一個客戶的太太一起教授冥想和心智管理課程，於是我便透過父親的介紹認識了她。

當時，瑪姬大約四十五歲。她原本是個虔誠的天主教徒，但十年前因為對教會感到失望，於是便開始走上靈性的道路，到處拜師學習。她頭腦聰明，儀態安詳，也很風趣，即使年紀比我大很多，也遠比我有智慧，但仍保有一些青少年的心性，而且能夠讓每個接觸到她的人都感覺很舒服。她住在麻薩諸塞州康科德特（Concord）上一座面積廣達五英畝的莊園裡，主屋是一棟小巧可愛的黃色農舍，是以前的管理人住的地方，遠處有樹林環繞。對當時還很年輕的我來說，這個地方彷彿有著魔法。我感覺我自從認識瑪姬之後，就像有了一個神仙教母。她對所有東方宗教以及超心理學、心智管理學以及通靈能力的開發等都有興趣。我追隨她一段時間之後就看出她有一些未卜先知的能力。有時，我話還沒說出口，她似乎就已經知道我要說什麼了。當我打電話給她，想問她某個問題或就某一件事請教她的看法時，她往往一接起電話就把答案直接說出來了，真是不可思議。我這輩子從來沒有遇過像她這樣的人。事實上，在遇見她之前，我根本不相信世上會有這種人。

有一次，我們打算去觀賞一場芭蕾舞表演，但我有一個來自別州的朋友臨時登門拜訪。他花了一整天的時間才抵達我家，為的只是要給我一個驚喜，而且他第二天就要出城了。我告訴他我當天晚上已經安排了活動，如果我聯絡不上瑪姬，無法取消原訂的活動，那我就沒辦法陪他了。

我連續打了三通電話給瑪姬，但一直都沒有聯絡上她。打完第三通電話後，我跟他說我很抱歉，因為這樣一來，我就不得不去看芭蕾舞表演了。我說這話時，手裡還拿著話筒，手指並未離開按鍵。就在這時，電話鈴聲響了，是瑪姬打來的。我接起電話後，她劈頭就說：「抱歉，我剛才不在家，沒接到你的電話。我也不想去呢。」我和我的朋友聽了都嚇了一跳！但我和瑪姬在一起時，經常發生這類事情。久而久之，我也就習慣了。

瑪姬除了教我冥想與心智管理之外，也讓我認識了輪迴的概念。我對此很有興趣。我唸小學時曾經聽過有關輪迴的説法，但那只是一個很粗淺的概念。當時，我還以為所謂「輪迴」指的就是人死了以後可能會投胎變成牛之類的動物。但瑪姬給了我兩、三本有關輪迴的書，要我看一看。後來我發現：瑪姬和這些書對於死後世界的描述遠比我之前聽到的其他説法更有道理。瑪姬説生命是一個進程，投胎為人讓我們有了一個絕佳的機會得以認識自身原本就有的神性。這種説法很吸引我。但對我而言，輪迴之説固然聽起來比較有道理，畢竟仍然只是一個理論。我還不曾遇到任何一個實際的案例足以證明它的真實性。

無論如何，瑪姬是一個很好的老師。她不僅教我冥想，也讓我在十七歲那年認識了我的第一任丈夫泰德。

當時，瑪姬在鎮上的監獄裡教授冥想課程，而泰德就是她的學生之一。他在十六歲時因為和一個男孩打架，導致後者不幸死亡，故此因殺人罪入獄。瑪姬很喜歡他。她經常提到他有多麼聰明，天性又是如何體貼善良，希望我能和他見個面。

「你在開什麼玩笑？」我心想。「我幹嘛要和他見面？他可是個囚犯耶！」況且我也不希望瑪姬幫我「作媒」，雖然她否認她有這個意思。

然而，她不僅一再提到他，偶爾也會帶我一起去那座監獄。最後，我終於見到了他。

當時泰德已經十九歲，很快就有資格可以申請假釋了。他雖然被關在監獄裡，過得倒像個瑜伽行者。他住在一間單人牢房裡，大多數時間都在看書、冥想、禁食和做瑜伽。那時的他神采奕奕、面目俊秀，而且遠比我所遇見的任何人（或許除了瑪姬之外）都更有內涵。由於他也很渴望追求靈性（當時我所認識的其他男孩似乎都對這方面沒有興趣），因此我們兩人之間自然很有共鳴，於是我們很快便墜入了愛河，並且打算盡快一起生活。那時，我心想我終究還是得到了我所追求的幸福。

當他獲准假釋時，我們立刻打算要結婚。我很清楚在別人眼中，這是一個糟糕透頂的決定，也知道這會造成什麼後果，但我深信我如果真的渴望追求靈性，就必須朝著那個方向邁進。我明白我父親之所以把家搬到萊辛頓，為的是要讓我能受到最好的教育，並且有「適當的機會」。我身邊有很多女性朋友也都在公然談論金錢、成就、社會地位和嫁給「對的人」之類的事，但這些都不是我想要的。事實上，我對結婚這件事並沒那麼大興趣，也不想要有一個盛大的婚禮或什麼隆重的排場。我只想要愛情感。當時的我滿心雀躍，彷彿置身雲端，深信我和泰德將會成為幸福美滿的靈性伴侶，並且白頭偕老。

然而，我和泰德訂婚一事卻導致我和家人失和，尤其我父親更是反對。他和我談了無數次，試圖說服我：我如果這麼做，將會鑄成大錯。最後，當他認清他無論怎麼說、怎麼做都無法改變我的心意、左右我的舉動時，他便極度惱火，不僅不願參加我的婚禮，甚至拒絕和我說話。他非常明白地表示：今後他再也不要和我有什麼牽扯了。對他來說，我這個女兒等於已經死了。

對我而言，這當然是一個很大的打擊。我很愛我的父親，也知道他很疼我。之前他一直是我最大的粉絲，無論我做什麼，他都全力支持。他工作勤奮，經常天還沒亮就去上班，入夜後才回家，但他卻很關心我，總是注意我在做什麼，也知道我在看各式各樣有關冥想和靈性的書，因此他才會告訴我有關瑪姬的課程的消息。當時我告訴他：如果他去上，我就跟著一起去，而他也答應了。因此，他不但介紹我認識了我的第一位靈性導師，還和我一起上課。儘管當時這類課程並非主流，但他並沒有把它們視為異端，甚至還願意撥出時間來和我一起探索。

面對父親的怒氣，我只能希望他有一天會態度軟化，並且逐漸了解泰德的為人（後來他也確實改變了）。我知道他之所以如此在乎這件事，都是為了我的幸福著想，但我的心情還是很沉重，因為我很不希望讓他感到痛苦。

至於泰德的過往，我並不在乎。我在乎的是他現在的模樣。我這一生最重視的事莫過於靈性上的成長。我認為我和泰德的姻緣是上天的安排，我們將會攜手走在靈性的道路上。我確信他就是我的靈魂伴侶，而且之後有一段時間，我一直如此相信。

然而，世事無常。我們搬到了中西部。那是泰德被核准假釋的地點，也是他的父母所居住的地方。泰德在那裡找到了一份工作，擔任機械技師，上班時間很長。雖然我們居住的那個城鎮沉悶乏味，天氣又冷，而且距親友很遠，我並不喜歡，但由於我和泰德感情很好，因此還是過得很開心。過了一年後，我為泰德找到了一份工作，讓他到我在佛羅里達州的幾個朋友所開的公司去上班。這時，由於泰德申請轉移假釋地點也剛好獲准，於是我們便搬到了佛羅里達，因為那裡的天氣非常晴朗，而我真的很希望我們能住在一個風景美麗、氣候溫暖的地方。

泰德服刑時，在監獄嚴苛的環境中以靈性為自己建造了一個避風港，而且有很多時間可以修行。但在出獄之後，面對現實世界的許多干擾，再加上謀生的壓力，他開始面臨新的挑戰。他雖然是一個很有責任感的人，也頗能自制，但由於他一天必須工作十二到十四個小時，因此他逐漸停止冥想、斷食或做瑜伽。從前那個容光煥發、平靜安詳、有幽默感的他已經消失了。

泰德很有音樂天分，歌喉絕佳。在唱歌時，他很容易就變回從前那個淡定、隨和的他，但整體而言，他的生活過得相當緊繃。

不過，當時我並沒有充分意識到在獄中四年的時光對他造成了多大的創傷。要從這樣的創傷中復原是需要時間的。另外，我是一個很坦白的人，向來有話直說，就像一本打開的書，但泰德遠比我內向，不太願意吐露自己的心事。我們因此經常發生齟齬。這時才發現我們彼此的個性大不相同。或許因為我把他當成靈魂伴侶的緣故，我一直以為我們對事情會有相同的看法。沒想到我的坦白讓泰德感到不太自在，而他的個性則讓我覺得很悶。逐漸地，我們兩人愈來愈難相處，最後甚至連一起做一件日常小事（例如看電影）時也會有摩擦。如此這般，我們愈來愈疏遠，相處起來也毫無樂趣可言，成了一對同床異夢的世俗夫妻，一點兒也不幸福。回想不久之前，我們的愛情還是如此美好、令人興奮、有如奇蹟一般，不料如今就像我生命中其他令我「飄飄欲仙」的經驗一般煙消雲散，令我感到心碎。儘管如此，我仍然希望我們的關係能夠修復。

後來，我在二十二歲那一年生下了我的兒子克里斯。泰德和我都有如置身雲端一般，樂不可支。這時，原先的幸福感又回來了！那一陣子，我高興得幾乎好幾個星期都睡不著覺，感覺奇蹟出現了，從此再也沒有什麼事情能難倒我們了。那段時間，孩子的出生確實掩蓋了我們在婚姻中所遇到的問題。大約一年後，泰德找到了一個與音樂有關的工作，於是我們便遷居到亞特蘭大。

結果之後沒多久，我們的婚姻就像快轉的錄影帶一般戛然而止。有一天，泰德突然向我提出離婚的要求。這對我而言真是晴天霹靂。事實上，這樣的結局我早該預見的，只是在那個年代離婚的人並不多，因此這對我而言如同一記悶棍，讓我們極度震驚、痛澈心脾。我沒想到我們既然已經結了婚、生了小孩，他還可以反悔。我一直以為我們會廝守終生。當我們的婚姻出現問題時，我也以為我們會一起努力克服。如今回想起來，我發現那時我們兩人在婚姻中其實都不快樂，只是沒想到會就此破滅。或許這是因為我當時全心全意地照顧孩子，並沒有太多的心思經營我的婚姻。

然而，我並不是一個肯輕易放棄的人（雖然當時我並沒有意識到這點）。這二十一年來，我一直和同一個事業夥伴（他也是我的摯友）維持合作關係，始終沒有換過。十八年來，我的律師也始終是同一個人。我和我的第二任丈夫（雖然我們並未正式結婚）到目前為止也已經維持了二十五年以上的關係。這樣的執著或許是一種美德，但有時並不見得是一件好事。有時就像某一首歌中的歌詞一般，你得「知道自己何時應該放手」。

接下來的那兩、三年當中，我一直不肯放棄我的婚姻，因此雙方都很掙扎。儘管我們對彼此已經激情不再，但我還是想要維持這個婚姻。然而，泰德卻說他因為入獄，已經錯過了他的黃金歲月，結婚後也過得不快樂，如今他實在不想再「浪費」生命了。這話真是太傷人了。

我心想，事情怎麼會變成這樣？我們的姻緣不是上天所安排的嗎？從此，我再也不相信任何關係了。原來，所謂的「靈魂伴侶」或「上天註定」之類的概念只不過是年少無知的空想，根本就不存在。這時，我再次感受到生命的無常。

離婚的過程中，我感覺自己被撕成了碎片。這是我從未有過的感覺。我這一生固然曾經失去其他的東西，但離婚所帶來的失落感卻更大也更痛。它讓我深切明白：所有的事物都有結束的一天。你的婚姻就算再怎麼美滿幸福，也不能持續一生一世。我們的婚姻誓詞「至死不渝」（till death do us part）已經指出了一個不可避免的結局。因此之故，當我後來再度找到真愛時，就沒有把愛情看得太重了，也不期待對方是我的「靈魂伴侶」。世事無常，人與人之間的關係就是最好的一個例子。無論它是好是壞，總有一天會走到盡頭。

那麼，世間到底有什麼東西是永遠不會完結的呢？我們的內在是否有某個部分是永存不朽的？答案顯然並不是「愛」，儘管我認為愛是生命中最美好的事物。尤迦南達說你必須經歷一千次的死亡才能得到解脫。於是，我告訴自己：我要追求解脫，無論那是什麼意思。

婚姻失敗使我的自尊心極度受損，因此有一整年的時間我一直不曾向我的父母提及此事。當我的母親打電話來問我：「泰德最近如何？」我都若無其事地回答說：「他很好呀！」事實上，我並沒有騙她，因為當時我和泰德仍然維持某種朋友關係，所以我知道他很好。

我之所以遲遲不願把我離婚的消息告訴我的父母，首先是因為我的家族從未有人離過婚。其次則是因為我覺得這種事情很丟臉。當初我決定要和泰德結婚時，幾乎所有的至親好友（除了瑪姬之外）都反對，就連巴瑞也試著說服我打退堂鼓。他說我們的婚姻將不會是我想像中的那樣，泰德也不會符合我的期待。凡此種種，都讓我覺得，這次離婚是我生命中最重大的挫敗。在這個情況下，我大可以求助於我的父母親，而且我相信他們也會願意伸出援手，但我始終不曾向他們開口，而是選擇獨自展開人生的下一個篇章。當時，他們住在另外一個州，我一個星期只和他們講一次電話。每次通話時，我都不願意告訴他們我的日子過得有多麼辛苦。無論如何，我生命中的一個階段已經結束了，未來無論是好是壞，我都必須負起養活自己和兒子的責任。

當時的我雖然因為失去摯愛、喪失了安全感而痛苦不堪，但在別人面前我仍絕口不提。這是因為我不喜歡暴露自己脆弱的那一面，因此我決定不讓別人知道這件事，直到我的生活回到正軌為止。我向來是那種遇到問題就去解決的人，通常不太會感情用事，但這回我完全被自己的情緒困住了。我想這可能是因為當時我不知怎地居然相信情緒是軟弱的表現，也認為當事情出了差錯時，無論再怎麼哀嘆或抱怨，都無濟於事，只能盡量解決問題，然後勇往前行。事實上，我在遇到人生中的挑戰時，多半都把它們視為路上的減速丘，只要設法越過就好了。只不過，這次的情況非常嚴重。

我聽到廣播電台播放著海倫．芮迪（Helen Reddy）的歌聲：「我是女人，聽我怒吼。」但我根本沒有本錢怒吼。我是個單親媽媽，已經破產，而且無依無靠。我既不知道該怎樣扮演好媽媽的角色，也不會賺錢，遑論兼顧兩者！我唯一保有的是我的尊嚴。

在年紀輕、有父母供養的時候，我觀察自己周遭的人，發現他們即便有錢，似乎也過得並不快樂，於是我就得出了一個結論：金錢並不重要，或者應該說沒那麼重要。當時我並未意識到這樣的想法是多麼天真、不成熟甚至多麼傲慢。但這也難怪，因為當有人能夠滿足我們在金錢上的需求時，我們很容易有這樣的想法。時至今日，我仍然相信金錢和快樂並沒有必然的關係，但當我一文不名，連基本的生活需求都無法滿足的時候，我才意識到沒錢是多麼痛苦的一件事，也才明白金錢有多麼重要。在此之前，我從不擔心自己的錢不夠用，也沒有怕過任何一件事。直到破產之後，我才發現一個人如果沒有錢，簡直寸步難行。

泰德雖有支付孩子的撫養費，但數目不大，相較於我們的開銷而言，只是杯水車薪。因此，我必須負責餵飽自己和孩子，並且讓我們母子倆有個棲身之處。這樣的重擔簡直令我不知所措。在離婚之前，養家活口一向是泰德的責任。我雖然零零星星地做些工作，但對泰德來說其實沒差。他就像我父親一樣，是家裡負責賺錢的那個人。離婚後，我才發現自己從未上過班，也沒有受過任何訓練（事實上，我從不曾需要工作）。我雖然斷斷續續在大學就讀，但並不是為了拿文憑。在學校裡，我雖然修了足夠的學分，可以畢業，但卻沒有對任何一個領域特別感興趣，也沒有想要成為一個什麼樣的人。我最初唸的是哲學系，但後來發現哲學家所提出的問題和我差不多，而且他們也無法提供任何解答。後來我對心理學產生了興趣，但問題是心理學家對很多問題也沒有答案。於是，我只修了一些自己有興趣的課程，例如東方宗教與英文等等，並沒有特定的目標。離婚後，我終於面臨了這些不智的決定（例如沒有做職涯規劃等）所造成的後果。我問自己：我能找到什麼樣的工作呢？因為事實再度證明，我並沒有自己所想的那麼聰明。我雖然下定決心要自食其力，但心裡其實非常憂慮。

我心想，從許多方面來看，我這輩子應該已經完了。我雖然才二十五歲，但未來的人生似乎已經沒有任何希望了。

當時，我的朋友們都在從事式各樣有趣、好玩的活動，例如環遊世界、玩特技跳傘、到熱帶海洋浮潛、去瑞士滑雪、前往巴黎學習烹飪，或者到歐洲、印度和埃及旅遊等等，但我卻同時身兼二職，而且其中一份沒有薪水，另一份則不符合我的志趣。更慘的是，我經常擔心自己沒錢，也害怕自己會一個人終老。

於是，我得了我們今天所謂的「憂鬱症」。我一早醒來就感到非常沮喪，夜晚上床時也悶悶不樂，而且一整天都抑鬱寡歡，彷彿被籠罩在一團揮之不去的濃重霧氣中，快要窒息了。那種憂鬱感就像某種生物，想要吸乾我的能量，藉以延續它的生命。我看不到未來的希望。這是我從未有過的經驗。過去，我向來是一個開開心心、喜歡玩耍的人，但現在我的生活卻絲毫沒有樂趣可言。

經過整整一年的時間，我才擺脫我的憂鬱症，再度變得快樂起來。通常你一旦掉進那個深淵，就很難再爬得出來，但我辦到了。從此，我就開始密切注意自己的心理狀態，以防再度陷進憂鬱的泥淖。我知道我必須為自己的快樂負起責任，而且在自己的內心就能找到快樂，不需要任何人來給予。於是，我開始非常注意覺察自己的念頭，不讓自己再有負面的想法。除此之外，我也下定決心這輩子不要再走入婚姻了，因為我不相信自己看男人的眼光，也不想再生小孩。我心想，我既然已經重拾了我的快樂，哪裡需要再談什麼戀愛呢？

我的第一份工作是擔任我所住的那個公寓社區的管理人，所得的報酬是免費的住宿以及勉強夠支付食物和汽油費用的薪水。結果，我很快就把許多空著的公寓租出去了。由於我的表現良好，社區裡的屋主開始要我幫忙把他們在外面的那些不太好租的房產也租出去。我認識的一個人甚至告訴我：「雪柔，你在這方面很行耶！你如果去從事不動產生意，表現一定會很出色，賺的錢也會比現在多得多。」

事實上，我自己也很喜歡成功地把公寓租出去的感覺。這讓我很有成就感。我心想：能夠做自己喜歡的事，又可以賺更多的錢，那豈不是太棒了嗎？於是，在經過一番思考後，我便決定要當一個房地產經紀人。

後來，我便找了份雞尾酒女侍的工作，夜晚上班，白天則去房地產學校上課，準備要多賺一點錢，不想再為錢的事情操心。於是我全力準備房地產經紀人的考試，希望能拿到執照，以便解決我的財務問題，並恢復昔日衣食無憂的生活。然而，我沒想到的是：當我真的拿到執照之後，卻反而變得更窮了。這是因為辭去社區公寓管理人的工作之後，我不再有固定的薪水，而我每賣出一棟房子，都得等幾個星期甚至幾個月才能結案。這段期間，如果遇上了緊急狀況，例如車子爆胎或發生了意外，我就沒錢可用了。比方說有一次，我得了很嚴重的流行性感冒，整整一個禮拜都無法上班，結果我就沒有錢可付電費了。幸好，我後來向朋友借了點錢，才不致讓家裡斷電。我從前一直以為家裡有電是理所當然的事，沒想到這樣的小事居然可以讓我的生活秩序為之大亂。

除此之外，我也沒有料到照顧嬰兒竟是如此困難的一份工作。為了要賺錢餬口，我不得不經常離開家，但克里斯並不喜歡我出門，經常因此而對我發脾氣。他四歲大時，甚至曾經用拳頭捶著餐桌，大聲說道：「我去朋友家的時候，都會看到他媽媽。她一直都待在家裡。妳呢？妳在哪裡？」我心想：身為一個職業婦女兼單親媽媽，我要如何才能讓他了解我的處境呢？

幸好，這段期間也有一些好事發生。其中一件便是：我遇見了我現在的丈夫（雖然我們並未正式結婚）大衛。我雖然一度對愛情抱持著懷疑的態度，但遇見他之後，我還是瘋狂地愛上了他。直到今天，這仍是我人生中最美好的事情之一。談戀愛是一件很開心的事。剛開始時，你會有一種輕飄飄的感覺，整個人沉醉在無比的幸福中，彷彿整個世界都變得可愛了起來，有如嗑了藥一般。但這種感覺固然很美妙，終究還是會逐漸變得平淡。無論如何，能夠擁有一個自己喜愛的朋友兼伴侶，乃是生命中一個莫大的恩賜。我很幸運，多年來我一直擁有這樣的福分。

為了更熟悉附近房地產的狀況，不久後，我便辭掉了女侍的工作，開始為當時剛創辦不久的《今日美國報》（USA Today）擔任送報員，負責把每天的報紙送進鎮上人家的收報箱裡。這份工作的待遇很不錯，而且只要花大約兩個小時的時間。

因此，每天早晨，當大多數人都還在睡夢中時，我就已經把我的工作做完了。然而，由於我清晨四點就得出門送報，家中又無人照顧，因此我只好把克里斯帶在身邊，讓他跟著我一起上工。回想從前，我只有在熬夜的時候才會看到凌晨四點時的天色，現在卻天天看得到。只不過，熬夜熬到凌晨四點，遠比在凌晨四點起床要輕鬆、好玩多了。那段期間，我真是痛恨我的鬧鐘呀！

有一天，我正在送報時，有一個開著破車的傢伙開始跟蹤我們，讓我非常緊張。我心想：我該怎麼做呢？距離最近的警察局不知道在哪裡？要到哪裡才有人煙？正想著，克里斯突然醒過來了，並且看到了那輛車和車裡的那個人。他看了看我，又看了看那輛車，接著便轉頭對我說道：「如果有人想傷害我們，你能怎麼做呢？」這正是我當時在想的事情。幸好，不久就有一個年輕、俊俏的警察來幫我們解圍了。

雖然沒有出事，但這次的經驗卻讓我五味雜陳，深深體會到保護孩子的安全乃是我的重責大任。這是我在身為人母之前所無法想像的。

拿到房地產經紀人執照後不久，我便告訴我的朋友們：再過三年，當我成為一個正式的經紀人時，我要自己開一家房地產公司。這是一個相當大膽的宣言，因為當時我只靠佣金過活，而且那些錢也只夠我和克里斯得以溫飽罷了。

這話說完沒多久，有一個貸款專員就看上了我，開始把我介紹給他那些從事建築業的客戶。一時之間，我就有了接不完的工作以及源源不絕的收入。我喜歡這份工作，也在上面投入了大量的時間和精力。結果，在我拿到我的房地產執照整整三年後，就有人把我介紹給幾個投資人，於是我就真的自己開了一家房地產公司。

大約兩年後，在我目前的這位事業夥伴的協助下，我向我的第一個投資夥伴買下了他所有的股份，接著又涉足建築業以及土地開發事業。從此，我的日子大致上都過得很優渥。不過，房地產事業是以市場為導向，有點像是拉斯維加斯的賭博。你可以賺很多錢，但如果經濟情況下滑或者你做了什麼錯誤的決策，也可能會慘賠。有許多年的時間，我的生意一直都很順利，但也不是絕對穩定，因此我經常處於很大的壓力中。

這段期間，我在賺錢與拓展事業之餘，也追求心靈的成長。對我來說，兩者都不可偏廢：我一方面努力打拚事業、自助助人、追求個人的成長，另一方面也涉足靈性的領域。當時，我在事業上已經愈來愈得心應手了，但我並不認為追求事業的發展和尋求靈性的自由是兩碼子事，因為我可以把靈性的智慧應用在我的事業上，看看會有什麼效果。事實上，就連那些寫作商業書籍的作家——例如東尼．羅賓斯

（Tony Robbins）和拿破崙・希爾（Napoleon Hill）——也經常指出：我們內心還有一股巨大的力量尚未被開發出來。

除了追求靈性的成長之外，我也嘗試學習各類型的瑜伽。事實上，當年我看完尤迦南達的著作後不久，就曾經寫信給他所成立的基金會，報名參加他的瑜伽函授課程。那是我接觸瑜伽的開始。

在那幾年當中，我上了許多課程，參加過許多次靜修，也遇到過各式各樣的老師。除了瑜伽之外，我還嘗試了各種不同的靈修方式，例如超覺靜坐、禪坐、內觀和藏傳佛教等等。每一個宗派都宣稱有人透過他們的法門產生了轉變，甚至達到開悟的境界。

起初，我對每一個法門都有興趣。但經過好幾年的修習後，我發現它們對我都沒有幫助。不知道為什麼，我不是很喜歡這些靈修方法，也不相信它們對我真的有用。儘管修習後，我確實有了一些小小的改變，但在我看來，即便我一生只專心致力於其中一、兩種，恐怕也要很久很久的時間才能有重大進展。我是個非常在意結果的人，但我花了那麼多時間修習那些法門，卻沒有感覺到自己有什麼轉變。我並不是說那些方法不值得學習，只是它們似乎不適合我。

我知道自己的期望很高，希望能夠達到開悟的境界。或許這就是問題所在，但我又無法放下。畢竟，在看了尤迦南達那本書之後，我深信我們確實能夠達到那樣的境界，因此我必須勇往直前，直到抵達為止。而根據尤迦南達的說法，要達到開悟的境界，瑜伽似乎是一條既快速又直接的途徑。因此，我一直對瑜伽很感興趣。

我在修習那些法門期間，雖然對自己的進展不甚滿意，但我感覺我所花的時間並沒有白費，因為它們確實讓我得到了某種程度的解脫，也讓我的情緒保持穩定，且大多數時間都相當樂觀開朗。除此之外，我也學會把我的念頭和行動（其實應該說是我的感受和反應）之間的距離拉開。這一點非常重要，否則我們的生活就會像雲霄飛車一般劇烈地起伏。

在修習這些法門的過程中，我也遇到了各式各樣美好而有趣的人物，包括達賴喇嘛在內。我甚至還曾經在家中接待過一個位階很高的西藏仁波切和他的侍者，和他們一起生活了八個月。這位日宗仁波切在西藏享有很崇高的地位，而且他曾經在一座洞穴中閉關了九年。你可以透過他的言談舉止，感受到他內在所散發出來的智慧與光芒。有一次，他在課堂上談到「空其實很滿」時，我感覺他說的是他親身的經驗。

這兩位僧侶住在我家期間，每天都會打坐、誦經，直到深夜為止。我在凌晨三、四點起床時經常都可以聽到他們唸經的聲音。

他們雖然恪守戒律，但並不至於太過嚴肅。那段期間，我們家經常充滿了笑聲。不但家裡的氣氛改變了，我也覺得自己似乎變得更有活力。不過，我雖然很享受和他們在一起的感覺，我的人生旅程也因他們而變得更加豐富，但我感覺他們所傳授的法門並無法讓我產生改變。

除了日宗仁波切之外，我也曾經師事穆克達難陀尊者（Swami Muktananda）和拉姆·達斯（Ram Dass）。我唸大學時，曾經和好幾個朋友一起去拜會穆克達難陀尊者。我們聽說他已經開悟，而且人們在這位靈修大師面前往往會自然而然地感應到自己內在的「拙火」（kundalini，或稱「昆達里尼」），並因而開始唱誦、跳舞或做出自己從未學過的瑜伽手部動作。對此，我和我的朋友們都不太相信。在前去見他的路上，當我們談論到這件事時，一致決議：除非我們當中任何一個人有類似的體驗，否則我們還是會對此抱持懷疑的態度。當我們看到穆克達難陀尊者時，發現他身上煥發著一種光采。許多人在他面前也確實出現了異乎尋常的反應，例如唱歌、跳舞等等，顯然已經被他所觸動。但不知道為什麼，我並不覺得自己和他有任何連結。事實上，那一群人狂熱的舞動和哭泣的場景讓我有些不敢領教。我心想，這不是我要的東西。

我雖然渴望追求靈性，但向來不喜歡看到人們在靈修場所行為失控的模樣。況且，當時的我仍然對所謂的「大師」或「上師」有著許多批判，甚至認為：唯有那些自願受人指揮的笨蛋才會去追隨什麼師父。除了不喜歡那些看起來有些瘋狂的靈修場面之外，我內心有某個部分也比較認同主流。也就是說，比起那些靈修者或「新時代」運動人士，我在和那些商界人士或知識分子相處時，感覺更加自在。我心想，我可不願意和那些看起來像是「邪教」或「異端」的組織有什麼牽扯。

除了穆克達難陀尊者之外，我也見過美國的靈性導師拉姆．達斯，聽過他的許多演講，也曾多次參加他的靜修營。由於他是個知識分子，講的話我聽得懂，也曾經像我一樣嘗試服用LSD，因此我很容易就和他產生了連結。有一次，我和他見面時（當時我才認識他沒多久），有了一個既深刻又神祕、連我自己都無法解釋的體驗（我在後文中將會提及）。於是，我便問他是不是我的上師（當時我並未刻意要找一位上師，不過我心想我的上師有可能會自己來找我）。但拉姆．達斯表示他絕非一個上師，又說當我遇見我真正地上師時，我一定會知道。他曾經花幾年的時間在印度追隨他的上師尼姆．卡洛里．巴巴（Neem Karoli Baba）。他告訴我：當一個人追尋得很熱切時，他的願望可能就會成真。我聽到這話，不免有些失望，但同時也更加確信我的內在自我一定會以某種方式引領我得到解脫。

繼拉姆．達斯之後，我又遇見了幾位據說已經開悟的人。其中有幾位似乎散發出明亮的內在之光，而他們都曾經追隨過一位據稱已經開悟的人。換句話說，他們就像拉姆．達斯一樣曾經有一位上師。

因此，我開始認為：為了能得到真正地內在轉化，改變自己的生命，我必須追隨一位已經開悟、能夠明心見性的智者（如果世上真有這樣的人）。

當時，我雖然過得頗為快樂，而且在某種程度上來說已經什麼都不缺，但我的內心仍然有一股深沉的失望與疑惑：難道生命真的就僅止於此？

我知道我還沒得到自己最想要的東西。問題是：像我這樣的人是否適合追隨一位上師？我所要尋找的真的是一位上師嗎？

我知道我雖然在世俗方面已經有了一些成就，但在歷經三十年的追尋之後，我必須承認自己在靈性方面仍然是一知半解。

說來諷刺，每當我在事業上需要指點時，我總會毫不猶豫地請教專家，那麼為什麼在靈性方面我就裹足不前呢？但我又想：在請教了專家之後，我還是可以按照自己的心意行事。但如果追隨了一個上師，情況會是如何呢？我還能做自己想做的事嗎？最重要的是：我怎樣才能認出誰是真正地上師呢？其次，萬一我達不到他的要求，那該怎麼辦呢？

當時，我並不明白：當你真心想要得到幫助，並且做好了準備時，你的直覺就會變得靈敏起來。你將會心甘情願地放下自己的疑慮，縱身躍入未知的領域。

有一天，我終於受不了了，於是便放下自尊心，向宇宙（或者當時被我稱之為「它」的存有）祈求。這個動作對我來說意義非常重大，因為我向來不肯輕易開口求助。長久以來，我一直憑著自己的努力苦苦追求，但我終於體認到：如果沒有高人的指點，我絕對無法得到深刻的轉化。世事無常，我的生命說不定很快就會告終，到時如果我還沒找到答案，就再也沒有機會了。

於是，我放下了自尊，謙卑地向宇宙求助。

當時，並沒有什麼不得了的事情發生：天上既未出現閃電，也沒有打雷。但不知怎地這個動作似乎產生了一點效果。我的內心開始變得平靜起來。這是我從未有過的現象。表面上看來，一切如常，但我的內在卻有了平安。不知道為什麼，我覺得我的旅程終於要正式開展了。

果然，不到幾個月之後，我就來到了一個人的面前，而且我逐漸發現：他雖然單純，卻也無比神祕。

CHAPTER 2

第二章
遇見薩古魯

「我來到這一世的目的
就要是努力幫助人們體驗
並顯現他們的神性。
願你能嘗到源自神性的喜樂。」

——薩古魯

不久之前，有一名來自印度南部、神采奕奕的男子在加拿大溫哥華市北邊的鄉下旅遊。有一天，他看到他的車子的汽油已經快要用完了，便把車開到一座位於森林中的加油站。當他下了車，開始拿起油槍加油時，看到一個年長的美國原住民正靠在附近的一輛皮卡車上，熱切地注視著他。雖然兩人並不相識，但不久那男子便緩緩朝他走了過來。

他走到這印度男子的身旁時，對他說道：「兄弟，風兒告訴我們你已經到了。」然後便恭恭敬敬地向他行了一個禮。

老者這番神祕而詩意的話語聽在那些認識薩古魯的人（包括我在內）耳裡，並不令人感到意外。對我們而言，他既是我們日常生活的一分子，也有著超凡絕俗的一面。難怪連風兒也會向那些聽得懂的人透露他到來的消息。關於薩古魯遇到那位美國原住民老者的故事，我是在本章所描述的事件過後許久才從我的朋友（也是薩古魯的助理）黎拉那兒聽來的。

我和那老人不同。我是在一個很平凡的狀況下第一次聽到薩古魯的大名。

當時我正坐在鳳凰城機場的一個登機處，等著要轉機前往加州聖芭芭拉市，參加在那裡舉行的一個避靜營。突然間，我看到一名年輕的男子正坐在那兒冥想，神情看起來非常安詳，渾然無視於周遭的喧囂擾攘。由於我很少看到人們打坐（尤其是在機場），而且自己也剛好要去參加一個靜坐營，於是便多看了他兩眼。沒想到當靜坐營結束，我在加州機場等候登機，準備飛回鳳凰城時，那個年輕人又走了過來，並且剛好坐在我身邊，真是巧極了。不久後，我們便開始聊天。我問他之前為什麼會在機場打坐。他說過去這幾年來他一直都很喜歡打坐。於是，我便談到不久前我在避靜營當中打坐的經驗。他打坐的方式似乎已經對他產生了效用，但我的並沒有。

我告訴他，我這次的避靜經驗並不是很好。雖然在那裡待了一整個星期，卻並未獲得平靜，反而比剛來的時候更焦躁不安。我甚至更深刻地意識到自己還有很多東西都不懂，而且這些年來心中也產生了太多的執著與恐懼，這讓我頗為痛苦，有一種快要窒息的感覺。我心想：我這輩子恐怕不可能得到心靈上的平靜了。就這樣，我們聊著聊著。不久，他就提到了他的上師薩古魯。

他口中的薩古魯聽起來是個很有意思的人物，令我悠然神往。我心想：為什麼我之前從未聽說過這號人物呢？聽著這個年輕人轉述薩古魯所說過的一些話，我忍不住想要更進一步認識這個人。不過，最令我印象深刻的並不是這個年輕人對薩古魯的崇拜，而是他說他遇見薩古魯之後整個人有了很大改變。

他表示：「我從童年開始心中就有著許多的執著與恐懼，但自從遇見薩古魯，並且練習他所傳授的瑜伽之後，我就逐漸放下了。」接著，他又告訴我：他從小就有恐慌症，會不時發作，而且覺得壓力很大，心裡非常焦慮，甚至還長期失眠。但現在你如果坐在他旁邊，絕對看不出來他曾經是這樣的人，因為如今的他神情平靜而安詳，簡直可以去拍瑜伽和打坐的廣告了。我心想：我一定沒有掌握到打坐的訣竅，否則怎麼會花了這麼多時間和精力練習卻還是沒有什麼效果？當我把這個想法告訴他時，他說在遇見薩古魯之前，他也有同樣地感覺。當時，他和我一樣，已經打坐好幾年了，卻沒有感受到什麼效果。

我很少聽到有人在靈修後出現這類持久的轉變。人們在開始追隨一個老師、參加某種新的靈修活動、讀了某本書或某個哲學理論之後，經常會有一些小小的改變，但這個年輕人卻說他在遇見薩古魯並照著他所教導的方法練習之後，人生就出現了很大的轉變。我心想：這有沒有可能是因為他真的找到了他的上師？那些東西似乎真的對他產生了效果，因為他看起來既親切又祥和。

不過，我不是這麼容易就被說服的人。我的內心對此仍然有些存疑。首先，他說起有關薩古魯的事時，語氣太過恭敬，不怎麼合我的胃口，因為我對那些太過狂熱虔誠的善男信女向來敬而遠之。其次，他說薩古魯有一個全球性的組織，各地的志工多達五十萬人以上。光聽到這個，我就渾身不太自在，因為我對團體向來沒有什麼興趣。除了幾個專業性的組織之外，我從未加入任何一個團體，更不喜歡一群人一起靈修的場面。老實說，我甚至懷疑這個年輕人是不是加入了一個邪教。

這是因為他曾經提到有些人待在薩古魯身邊時，能量狀態會發生各種變化。他甚至還說：薩古魯往往能讓他身邊的人一連許多天都像喝醉了酒一般飄飄欲仙，有時甚至因此不得不被抬出他們打坐的廳堂。這聽起來實在太扯了。我從前在各地旅行時確實見過各種奇奇怪怪的事情，但從不曾見過這樣的場面，所以難免會產生懷疑。之前，日宗仁波切和他的助手曾經告訴我：有許多人待在所謂的「大師」身邊時會出現一些奇怪的行為（許多書上也有類似的記載）。我去拜見穆克達難陀尊者時，也曾親眼目睹他周遭的人所表現出的怪異舉止。但眼前這位年輕人所描述的景象聽起來實在有些離譜。既然我自己從不曾有過這類的體驗，因此難免會懷疑它的真實性。

更何況，我曾經聽說：有許多人在追隨東方的一些名師後都對他們感到失望，因此如今在美國，那些「上師」的名聲通常不是很好。此外，媒體還曾經報導有些「上師」利用靈修來斂財，有些則鬧出了各種醜聞。

由於以上種種原因，我對眼前這個年輕人的說法感到懷疑。但由於我參加完那個靈修營後再次感覺自己毫無進步，因此還是對他所說的這位上師感到好奇。後來，我忍不住問了他一個問題：「那麼，薩古魯擁有多少輛大型豪華轎車呢？」

年輕人聞言，竟說不出話來，臉上的表情既震驚又失望。那一瞬間，氣氛顯得頗為尷尬，我也有點不好意思，後悔自己竟然問出這麼白目的問題。幸好他的神色很快就恢復了正常，並且建議我自己去搜尋有關薩古魯的資料。

經過這次對話，我猜想薩古魯必定是個很有魅力的人物，但我仍然認為他不太可能是一位已經開悟的大師。這是因為在經過這許多年的追求之後，我已經開始懷疑世上是否真的有所謂的「開悟」這一回事。

我曾經提過，我參加完那次靈修營之後，對自己依然沒有任何進展一事深感氣餒。很明顯地，我所有的努力和堅持都無法讓我達到我想要的目標。當我終於能夠克服我的自尊心時，我體認到：在靈性的道路上，我需要他人的協助。儘管這可能不是我想要的方式，但我深知：我已經無法憑著自己的努力改變。儘管我仍然相信我有能力達到一個更高的境界，但我實在不知道該怎麼做，顯然必須仰賴他人的協助才行。

話雖如此，我內心仍然充滿疑問，而且並不真的認為世間有人能夠給我那樣的協助。我雖然曾經遇過許多據稱是很特殊的人物，但我就是看不出他們有任何過人之處，也無法與他們產生任何連結。就算他們確實有些修為，也不曾對我的生命造成絲毫影響。那麼，我幹嘛還要去找個上師呢？

還記得那首歌的歌詞嗎？「萬一神就像凡人一樣呢？」是啊！我當時已經認定：就算我遇到了耶穌基督或佛陀，我很可能也認不出來。何況我心中還有一個疑問：一個已經能夠進入其他維度的開悟之人如何能幫助我開悟呢？

其後的好幾個月當中，我很少想到薩古魯。不過，我的心中偶爾也會浮現這樣的念頭：「如果他真的是我命中註定的上師，他自然會來找我。」

或許，他真的來找我了。幾個月之後，當我在某個網站上購買靈性歌手德娃・培莫（Deva Premal）在亞特蘭大合一教會舉行的音樂會的門票時，薩古魯的照片突然跳了出來，讓我頗為意外。原來他下週將在同一個教會（那裡距我家只有十五分鐘的車程）發表一場演講。這個消息勾起了我的好奇心。我決定去瞧瞧他究竟是何許人也。

當天，我抵達教會後，刻意坐在演講廳前排靠側邊的位子。我心想，這樣一來，我既可以看個清楚，又能當個旁觀者，而非參與者。但說巧不巧，我就座之後，就有幾位志工走上講台，重新安排台上的座位，把薩古魯的座椅放在我的正前方，大大拉近了我和他之間的距離。這樣一來，我的如意算盤就落空了。我只好近距離地看著他。

來聽講之前，我已經做好了心理準備。我預期薩古魯此人必然極富魅力，但也相信他不可能會對我產生任何影響，畢竟我已經活了那麼大把年紀，無論在事業上或生活中，都不容易受到別人的影響。然而，當他走進演講廳時，我立刻就有一種似曾相識的感覺。他身上有一種我所熟悉的特質，讓我覺得我好像已經認識他很久很久了。除此之外，他也挑起了我心裡的某個東西。

他看起來就像一個古代的上師，跨越時空、現身於今世。他神情嚴肅但卻光芒四射。除此之外，他的模樣也極其出色。他身穿一件長長的米色生絲短袖束腰外衣，脖子上披著一條美麗的絲質織錦圍巾，頭上則纏著橙黃色的頭布，腳上蹬著一雙高雅的褐色登山涼鞋，相當引人注目。但除了形體之美外，他渾身還散發出一股美妙的靈性之光，瀰漫了整個房間。他的言語犀利直白，但他的內在卻散發出一股既微妙又溫柔的力量。我心想，這位傳說中的神祕學家果然沒有讓我失望。

不知道為什麼，我一看到他，立刻就覺得他正是我一直以來要找的那個人（當時他甚至還沒開口講話）。我可以感覺他知道我想要追尋的答案，而且他就是我想要成為的那種人。我的直覺告訴我：他能夠引領我達到我想追求的境界。相較於薩古魯，我之前見過的那些厲害人物根本不算什麼。

他演講時口齒清晰、詼諧幽默且條理分明。當晚，他一一解答了我們對生命的疑問，並且談了許多事情，從世俗的事務到生命的深刻意涵等等，涵蓋甚廣。他說明他如何汲取千百年來瑜伽大師的智慧，規劃了一套被他稱為「艾薩瑜伽」（Isha

Yoga）的課程，並說任何人都可以藉由這套課程成為一個完整而有活力的人，並使自己得以成長與開悟。

除此之外，他還談到自由的意涵。他說，大多數人都被外境所困。「你之所以不快樂，唯一的原因是你的生活中所發生的事情並不符合你的期待。這時你可以有兩個選擇。一個就是開始解決問題，讓事情能符合你的心意，另一個就是立刻轉念。只有在你無須依靠任何人或任何事物就能得到快樂與幸福時，你才是一個自由的人，否則，無論你是身陷囹圄或在街上行走，你都是一個囚犯，被關在自己內心的牢籠裡。」

此外，他也談到了壓力。他說許多人都認為壓力是無可避免的。有些人甚至不相信自己可以過著沒有壓力的生活。他指出：「人之所以會感受到壓力，是因為他不善於自我管理，與他所做的事情無關。他不知道如何管理自己的各個系統，所以才會有壓力。」

「每個人都認為自己的工作充滿壓力。你去問總統他的工作有沒有壓力，他一定會說有。你問一個部門的主管他有沒有壓力，他也會說有。同樣地，你去問一個辦公室的小弟，他也會告訴你他有壓力。但很抱歉，我不同意這種看法。事實上，沒有任何一種工作會帶給你壓力。只有在你無法掌控自己的各個系統時，你才會有壓力。也就是說，只有在你的身體、心靈、內分泌或能量處於失控狀態時，你才會感受到壓力。當你的身體、心靈、內分泌和能量都運作得很好時，你會有任何不愉快的感受嗎？不會的。相反地，你會時時刻刻充滿喜悅，儘管外境不斷變化，你也不會受到影響。同樣一份工作，有人覺得壓力很大，有人卻甘之如飴。因此，壓力與工作毫無關係。如果我們能夠善加自我管理，那麼我們年紀愈大就會過得愈快樂，反之亦然。你看小孩子，他們成天都很快樂。但大多數成年人卻過得愈來愈不快樂。」

那晚，薩古魯用很淺顯的語言談論了許多看似顯而易見但卻顛覆了我的認知的事實。坐在他面前，我不由自主地就想把腰桿挺直。他的話語打破了我多年來習以為常的舊思維，讓我忍不住想要一直聽下去。他所說的道理無懈可擊，讓我立刻就被他說服了。除此之外，我第一眼看到他，就對他產生了一種莫名的信任感。至於個中原因，我到現在都還不明白。事實上，打從他走進演講廳的那一刻，我便疑慮盡消，只覺得身心無比自在，也很慶幸自己決定前來。聽他講了幾分鐘之後，我的頭腦彷彿就整個靜止了。至今我仍清楚地記得當時我心裡有一個聲音在呼喊：「是了，就是他了。」他就是我一直在尋找的人。多年來，我一直告訴自己我渴望得到解脫，此刻我希望我是認真的。我知道再往下走一步，我就必須掙脫我加諸在自己身上的各種限制，也不能再繼續過著安適的生活。眼前這個人可以讓我明白怎樣才是真正地自由——不是反抗威權、到處流浪搭便車或吸毒的那種自由，而是讓一個人得以徹底解脫的那種自由。我知道，除非我真心想要得到解脫，否則我就不應該來到這裡。如果我追隨他，他可不會坐視我原地踏步，繼續受制於我的習性、念頭與無明。

看著眼前的薩古魯，聽著他所說的話語，我發現他給人的感覺是既溫暖親切，但又有些令人畏懼。我自從意識到自己一直以來所追尋的目標乃是靈性的成長後，曾經接觸過許多不同宗派的導師，聆聽他們的教誨。儘管那些教誨頗能鼓舞人心，卻從未對我造成任何持久性的影響。然而，面對薩古魯的感覺卻完全不同。他所說的話語或許不見得中聽，卻一針見血。

我感覺自己和他有了深刻的連結，也意識到我從前追求的目標有多麼狹隘（雖然我不太願意承認）。我之前一直在尋找一個仍然在世的開悟者，但薩古魯卻不只是這樣一個人。他除了是一個開悟者之外，也充滿生命活力。

他當晚所說的話語後來一直縈繞在我的腦海中。其中令我印象最深刻的便是這一句：「**你對任何一種事物的看法都有可能會讓你受到局限。**」我這才發現：我雖然不斷經由各種途徑尋求開悟，但事實上我卻一直固執己見並因而自我設限。

演講結束後，我聽說第二天晚上薩古魯將在某個人的家中舉行一場見面會。當我確定自己也有受邀時，便二話不說地參加了。想到自己能在這麼短的時間內再度見到他，我心中雀躍不已，但也暗自納罕：「奇怪，我為什麼會這麼興奮呢？」

這時，我意識到：這或許是因為有史以來我第一次發現自己有可能得到解脫，讓我不再總是渴望著什麼，不再想要成為更了不起的人，不再強迫自己要如何如何，讓我可以了脫生死。直到現在我才明白：這種可能性確實存在，不是我自己編造或想像出來的。至此，我心中的那團迷霧終於消散了。多年來，我一直追尋，卻徒勞無功，以致我幾乎快要放棄希望了。但此刻，我很欣慰地發現自己確實有可能達到開悟的境界，而且這樣的機會就在眼前。

在前往那次見面會之前，我心裡盤算著：我應該趁機問他一個已經困擾我多年的問題。畢竟，一般人能有多少機會私下和印度最知名的一位神祕學家碰面呢？

然而，一旦見到了他，我就把那個問題拋諸腦後了。後來，有許多人告訴我，這種情況頗為常見。你在薩古魯身邊時，會感染到他所散發出的寧靜與安詳，完全沉浸在他的風采中，以致你的疑問和難題通通都被拋到九霄雲外了。

不過，如我所料，薩古魯是不會允許身邊的任何人懷有錯誤的知見的。儘管多年來由於做生意的緣故，我已經學會不動聲色，不讓對手知道我在想什麼，但在面對薩古魯時，這個技巧一點也不管用。有一次，他突然停下手邊的事情，用手指著我，說我有一個問題想問他。請注意，他不是問我有沒有問題，而是說我有問題要問他。

我驚訝之餘，忍不住回他：「不，我沒有。」

但他接著又說：「有，你有一個問題。」彷彿可以看穿我的心思似的。

這回我更加堅定地說道：「不！我沒有。」

「就問吧！」他的語氣同樣堅定。

在此之前，其他人已經提出了各式各樣的問題，有些和世俗之事相關，有些則與靈性沒有太大關聯，例如：「要如何才能調整自己的生活？」「如何才能賺錢或恢復健康？」等等。我無意再繼續類似的對話。因此，既然薩古魯堅持，我便提出了那個困擾我已久的問題。

「如果我們可以靠心智為自己創造美好的生活，得到自己想要擁有的一切，那為什麼我們不能靠著自己的心智開悟呢？」我問道。在追尋了一輩子之後，我真的以為自己應該要開悟了。但很遺憾的是，我的內心並沒有多少轉變。

薩古魯聽完便不假思索地答道：「你可以靠著自己的心智開悟，但你的心必須純淨、沒有雜染，有如剃刀一般鋒利才行。一個敏銳的心智才能成為你自我轉化的工具。有一種名叫『智瑜伽』（Jnana Yoga）的瑜伽能幫助你透過智慧與宇宙合而為一。但對大多數人而言，這個方法很困難，因為很少人能具備這樣的智力。」

為了強調他的論點，他拿起一把插在蛋糕（那是當天有人帶去的）上的刀子，說道：「你可以這樣想：你的心靈就像一把插在蛋糕上的刀子。你把刀子拔出來時，刀面上難免會沾到蛋糕屑。同樣地，過去的許多印象與經驗也會留在你的心靈中，揮之不去，就像蛋糕屑黏在刀子上一般。」

這話聽起來很有道理，但我不免心想：他應該是在告訴我：我之所以無法開悟，是因為我的心思太過遲鈍，無法作為開悟的工具。但這是怎麼回事呢？一直以來大家都說我很聰明，而且我自己也很樂於相信這一點。

接著，薩古魯繼續說道：「此時此刻，你還無法憑著你的心智得到解脫，因為你的雜念太多了。你必須讓你的心思保持敏銳，沒有雜念，才能夠用它來得到解脫。當你的心思很純淨時，無論你遇到任何情境，你的心都不會受到雜染。唯有如此，你的心智才能被用來作為解脫的工具。」

「練習瑜伽將可幫助你把刀子上的蛋糕屑清除，但除了心靈之外，你最好能夠同時運用其他工具，因為心靈並非一個人的全部。除了心靈之外，人還有其他面向，包括身體、情感和能量。如果你光是運用其中一個（例如心靈）部分，那就像是開著一輛只有一個輪子的汽車前往某個地方。車子需要四個輪胎才能開到那兒。因此，你也需要四個輪胎才能去到你想去的地方。如果你只用其中的一個，雖然還是能夠抵達你想去的地方，但你可能會變得很難和他人互動，也無法發揮你的力量。到時，你勢必會變得退縮孤僻、與世隔絕。儘管這樣做還是很值得，但有多少人能夠過這樣的生活呢？因此，我們最好能同時運用四個面向。我們所傳授的『艾薩瑜伽』就結合了心靈、身體、情感和能量等四個元素，讓這四股力量朝著同一個方向前進。」

「生命能量是人類最根本、最強大的一個面向。我們的能量往哪個方向流動，我們的身體、心靈和情感就會跟著一起往那個方向前進，但大多數人並不知道這一點。因此，只要我們能讓自己的能量往一個特定的方向流動，我們的身體、情感和心靈也必然會往那個方向移動。」

「每個人的能量、心靈、情感和身體運作的方式都不同。一個上師會了解每一個人的需要。之所以會有這麼多人想要找到屬於自己的上師並且追隨他，就是因為一個上師能為每一個人規劃出適當的組合。『艾薩瑜伽』之所以對每一個人都如此有效，正是因為我們會同時透過所有的面向幫助你成長，不只是你的心智而已。」

見面會結束後，我趁著薩古魯走出房間時，跑去問他：「薩古魯，你怎麼知道我有一個問題要問呢？」

「你的身體語言很明顯呀！」他答道。原來如此。我還以為自己擺出了一張撲克臉，掩飾得很好呢！

當我問他是如何看出來的，他很有耐心地答道：「類似這樣的問題具有很強大的力量。如果沒有得到解答，人們會很難受。事實上，在這個世界上，大多數人所問的都不是真正地問題。那些問題通常都只有娛樂性，而他們之所以會提問，只是要娛樂自己或滿足他們的好奇心。此外，問問題會讓他們覺得自己很聰明，而這正是他們想要的。」

「然而，如果你心中有一個真正值得問的問題，你就會不斷尋求答案，直到你得到解答為止。你不會忘記它。就算你把它隱藏起來，它也會讓你變得焦躁不安，甚至可能會生病。如果你把它埋得太深，你就會發現你身上的每一個細胞都在大聲呼喊，問著那個問題。」

「我的工作就是回答這類問題。」他說完臉上便露出了笑容。

接著，他說了一些他對我的看法，顯然對我頗為了解。這點讓我感到很驚訝，因為我們總共才見了兩次面。聽到他對我做出如此精準的評論，我內心其實有些不安（雖然我不太願意承認）。其中一個原因是：他說我有可能會因為「懶惰與自滿」而浪費自己的生命。

我知道他說的是事實。我向來只做容易的事，從不肯挑戰自我，雖然想要追求幸福，卻不肯花費力氣，並且一直安於自己舒適的生活。

接著，薩古魯要我下個月（也就是八月時）前往印度參加他所帶領的一個課程。我第一個反應是：那怎麼可能？事實上，我幾乎被他嚇得倒彈三尺。我雖然很想盡快去上他的課，但實在無法想像我如果前往印度，會是什麼光景。我的健康狀況並不適合做這樣的長途跋涉。事實上，我當時一天只能勉強工作三、四個小時，其餘時間我連從房間的這一頭走到那一頭時，都像是拖著一袋磚頭走路一般，只差沒昏倒。除此之外，我還有甲狀腺機能亢進以及血壓太低（75／35）的毛病。光是在房間裡走路都會感覺頭暈。醫生說我心臟病發作的風險很高。我雖然很少談論自己的健康狀況，但其實我的毛病挺嚴重的。十年前，我曾經到過印度一次。當時我的身體雖然很好，但還是生了一場重病（我似乎對細菌很有吸引力）。因此，儘管多年來我一直認為自己和這個位於遠方的瑜伽國度有著某種連結，我還是下定決心從此不再前往。更何況，我心想八月分時印度的天氣一定熱得嚇人。

於是我告訴薩古魯我之前造訪印度的經驗，並向他描述我的健康狀態。他聽了之後，沉默了一分鐘，接著便說我還是可以前往，而且我在那裡一定不會生病。

儘管如此，我心裡還是有些抗拒。我雖然很想去，但也擔心自己禁不起那樣的長途跋涉。於是，我決定等他下次前來美國時再去上他的課。但做了這個決定後，我心中還是有些不安。

我心想：我之前一直誠心求助，但好不容易等到能幫助我的人出現了，我所做的第一件事情卻是說「不」。我感覺自己好像還沒進入校門就被退學了。我連第一步都踏不出去，又怎麼繼續第二步呢？我還會有另外一個機會嗎？通常，我在面對自己有興趣的事情時都會很積極，但現在，面對我真正想要的東西，我卻退縮了。我很擔心就算我真的找到了一位適合自己的導師，恐怕時機已經太晚了。或許，以我現在的年紀和健康狀況，我可能連薩古魯的課程都無法去上，那我要如何改變呢？

當時，我並不知道薩古魯的話向來可靠，只覺得他似乎什麼都不怕，無論天氣再熱、旅途再累都難不倒他，因此他當然無法理解在夏天前往印度對我來說是多麼困難的一件事。

儘管我拒絕了薩古魯的邀請，但很快地我就開始把握每一個機會向他學習。他所創立的「艾薩瑜伽」有一門基礎課程叫做「內在工程」（Inner Engineering），以科學的方法協助人們在身體、心靈和情感等各方面都達到健康、有活力的狀態，並且讓他們在靈性上能有更深刻的覺察。在西方國家，有許多人都接觸過各式各樣的瑜伽，例如哈達瑜伽（Hatha Yoga）等。但「艾薩瑜伽」教導體位法的目的是讓你能夠進入較高的靈性維度。他們所設計的那些姿勢能夠調整你的身體結構，使你在冥想時，身體不至於不舒服。此外，它們也可以幫助你淨化身體，讓你的身體變得更靈敏，並因此得以進入其他維度。薩古魯的基金會雖然總部設在印度，但在全世界各地都有開課。那些課程的講師都曾經在薩古魯的監督之下受過多年的嚴格訓練，因此已經能夠拋開自我，成為傳遞薩古魯的精神與能量的管道。有許多人都說：那些老師上的課也很精彩，並不亞於薩古魯親自指導的課程。儘管薩古魯本人並不在場，學員們還是可以感受到他的存在。

我心裡盤算：等他下次來美國時，無論他在哪一個城市開課，我都要去上。沒想到六個月之後，他就在亞特蘭大開課了，而且上課的地點離我家很近，無須舟車勞頓。於是，我便報名了他所開設的兩門課程。那段期間，他依舊展現出過人的洞見，甚至還幫助我開發了一些內在的潛能，讓我印象深刻。事實上，翌年二月，我就真的一路飛到印度，去參加一門只有在那裡才開的進階課程。一如薩古魯所保證，那段期間我的健康狀況真的並沒有出現什麼問題。那一年，我不僅在印度待了九個星期，甚至還和薩古魯以及一群靈修人士登上了喜馬拉雅山的峰頂（在一年前這根本是不可能的事情）。翌年，我又在印度待了兩個月。從此以後，我每年至少都會去印度一趟。

我剛開始上「艾薩瑜伽」時，每天要吃四種藥。聽起來好像很多，但已經比我預期的少了。這是因為我當時毛病很多。我得了一種無法治癒的葛瑞夫茲病（Graves' disease），因此有甲狀腺機能亢進的現象。除此之外，我還有慢性疲勞、過敏、噁心想吐、身體疼痛和長期失眠等毛病。總而言之，我的健康狀況已經糟到令我自己都感到難為情的地步，而且還不斷惡化。坦白說，當時我覺得自己有百分之六十的部分都已經死了，以致我必須費很大的力氣才能應付日常生活。

在上薩古魯的課時，大多數學生都很開心，我卻痛到不行，連坐著不動都很困難。因此，剛開始時，我根本不可能透過那些練習提升自己的靈性，以致我很擔心這樣的課程可能對我沒什麼效果。

班上的同學都有過一些高峰體驗，但我卻沒有。這讓我非常失望，但我依舊堅持練習。我之前說過，我經常不遵守紀律，而且很懶惰。但抱怨歸抱怨，我還是照常練習。我知道：這可能是唯一能改變我的事物。從薩古魯的身上我可以看出：他的方法顯然有其效果，而且我知道這些課程如果沒效，他一定不會把時間浪費在上面。他設計出了一套獨一無二的練習，可以強化一個人的身體、心靈、情緒和能量，並使其恢復平衡。其中包括效果強大的呼吸技巧和冥想練習等等。即便我當時狀況不佳，也可以做得到。事實上，我必須承認：每天做完晨間練習後，我都會有一種平靜而喜悅的感覺，而且這種感覺會持續一整天，因此我無論如何都非做不可。就這樣，我日復一日地做著練習。結果沒多久，我的健康狀況就大有起色。

不到三個月之後，我就把大部分的藥都停了。那位原本惜言如金的醫師看到我的驗血報告後，居然一連說了三聲：「哇！這真是太驚人了！太驚人了！太驚人了！」

我並沒有誇大事實。他真的像那樣一連說了三次，而且還表示，他從來沒有看過一個得了嚴重的甲狀腺機能亢進症的老病號能恢復得像我這麼快，況且這位醫師可不是那種身上佩戴著水晶的「新時代」郎中，而是一位備受尊敬的內分泌專家，他的診間的牆壁上還掛滿了文憑和學術界所頒發的獎狀。事實上，我不僅甲狀腺的毛病好了，連困擾我好幾年的一些症狀（例如過敏）也都消失了。

除了身體變得健康之外，我也親身體驗到薩古魯在第一堂課時所說的許多好處。比方說，我從前很愛操心，經常杞人憂天，但現在卻不會了。對我而言，這真是一大解脫。最近，我的父親和我談到他對自己、對我以及這個世界的一些憂慮時竟然說道：「好像沒有什麼事情能讓你煩惱，對吧？」

「對，至少不像從前那樣了。」我答道。

「我真希望我也能這樣。」他說。

之前我就像我父親那樣，總是滿懷憂慮，一會兒擔心這個，一會兒又擔心那個。現在，我仍然不免想東想西的，但大多數時候我內心都處於一種喜悅的狀態。我不再一直擔心自己所面臨的困難，而是盡量採取行動，做出改變，不做無謂的情緒反應。遇到問題，我會試著想出解決的辦法。此外，我也會盡量把握當下。偶爾難免會遇到挑戰，但卻不會因此而失眠。薩古魯曾說，心靈的平靜只是一個開始，不是目標。這讓我頗為振奮，因為儘管我的健康狀況已經大為改善，心靈也變得比較平靜，但我所追尋的並不僅止於此。

CHAPTER 3

第三章
薩古魯蒞臨

「我希望你能認識另一種科學：
內心的科學，
體會到它的力量並因而得到解脫。
透過這種科學，
你將得以成為自身命運的主宰。」

——薩古魯

八月一個陽光普照的午後，我開車前往亞特蘭大機場，等待薩古魯的到來。他將前來我在北卡羅萊納州山中的湖畔寓所作客，而這也將是我首度和這位我已經逐漸熟悉的上師做如此近距離、長時間的接觸。我簡直興奮極了，但在引頸期盼之餘，我也很惶恐，因為他經常會有出人意表的舉動。你無論準備得多麼周全，都無法預料到他下一步會怎麼做。

當時，距我在亞特蘭大初見薩古魯已經有三年的時間了。我雖然很享受和他在一起的時光，但每次要見他之前，我的心情還是五味雜陳，一方面很興奮，另一方面又有些忐忑不安。但這樣的感覺往往很快就消散了，因為我一見到他，就會完全沉浸在當下。我在他面前時，往往會感覺愈來愈安穩平靜，但我的好奇心也會經常發作，使我一逮到機會就向他提問。

這一回，薩古魯將和他的助理黎拉前來我的湖邊寓所作客一個星期。他第一次看到這座湖是前一年的事。當時他在我家住了一個晚上，我看得出來，他很喜歡這座湖。此後，我便一再邀請他再度來訪。後來我發現，他有定期隱居靜修的習慣，而我的湖畔寓所與世隔絕，僻靜隱密，正是他靜修的絕佳場所。

黎拉擔任薩古魯的助理已經將近十五年的時間。受過工程師訓練的她有數不清的工作機會，但她卻選擇擔任「艾薩瑜伽」的全職志工，協助薩古魯處理他在美國的諸多日常事務。她雖然工作繁忙，卻是我所見過最冷靜沉著的人之一。她心思敏銳，也是個冷面笑匠，說出來的話往往出人意表而且一針見血。

我雖然很樂意當個東道主，但也知道招待薩古魯將會是一個很獨特的經驗。儘管照片上的他看起來總是一副安詳而自信的模樣，可能會讓你以為他是個溫文儒雅、不食人間煙火的人物，但事實上他本人卻比較像是一座活火山：生氣勃勃、個性強勢、難以捉摸而且活力充沛。跟他在一起的時候，我從來不知道接下來會發生什麼事。除此之外，由於他一直都沒有透露他有什麼計畫，因此我實在不知道這一個星期的時間要如何安排。我只知道他希望大多數時間他都能安靜地獨處。

身為一個完美主義者，我希望把所有事情都安排得很妥當，以滿足他的需求。因此，我不僅在事前請教黎拉，也寫電子郵件到薩古魯在印度的靜修處，請他們給我一些建議。但他們都叫我不要擔心，只要讓他過得簡單舒適即可。我原本希望他們能提供詳細的指點，以便知道我該準備什麼（例如要購買哪些食品雜貨等等），但卻毫無所獲。薩古魯似乎一直都是這樣。無論多麼努力，你永遠無法做好充分的準備，因為事情經常會有變化。

儘管薩古魯來訪的消息並未正式公布，但那天下午，我抵達機場指定的等候區時，發現那裡已經有一大群熱情的民眾在等他了。其中有老有少，且各個種族都有。他們彼此交頭接耳、嘁嘁喳喳，神色頗為興奮，讓過往行人為之側目，連那些向來沉著冷靜的警衛也多看了他們幾眼。他們那熱切的面容、發亮的眼神使得空氣中瀰漫著一股期待的氣息，並且充滿了躍動的能量。一時之間，我們彷彿都成了一個個導體，彼此連結成一張巨大的電網。感覺上，大家似乎都堅信：跟著薩古魯，你便有可能實現那意想不到的可能性。

我站在那兒，心想：這樣的場景如果發生在我遇見並認識薩古魯之前，應該會讓我感到不安，甚至產生戒心，認為這些人表現出的虔誠和仰慕已經超越常情，令人起疑。然而，此時此刻，我置身在這群人當中，心中卻充滿喜悅，並且很享受這樣的氛圍。這顯然是一個很大的轉變。原因是：我已經開始相信薩古魯是一個真正的明師，而且很慶幸自己能夠認識他、追隨他。

我在人群的邊緣來回走著，享受著這樣的場景。我看到許多人都帶著禮物要送給薩古魯，有好幾個人手中拿著花束，準備獻給他。一名男子高舉著一幅他自己的畫作。有些人還帶來了薩古魯所喜愛的一些東西，包括一罐辣泡菜、一大包特製的手工肥皂，甚至還有一個飛盤（薩古魯熱愛運動，空閒的時候喜歡丟飛盤）。

當薩古魯的飛機快要抵達時，人們便開始各自佔好位置，以便第一眼就能看到他。下午四點三十分時，飛機準時降落。不久，已經下機的乘客開始魚貫走過我們身邊。接著，薩古魯便出現了。他的步態從容，一張焦糖色的臉顯得容光煥發、神色安詳，與四周那些面容愁苦的人形成強烈的對比。看到他的那一剎那，我一如往常般心中一震。他的模樣實在太特別了，看起來既老邁又年輕。他那把長及胸口的鬍鬚已經花白，但同時他卻戴著經典款的飛行員墨鏡，穿著棕褐色的牛仔褲。事實上，我跟他是同一個世代的人。也就是說，我們是同輩，都是聽披頭四以及滾石合唱團的音樂長大的。

看到前來迎接他的人群，薩古魯便立刻走上前來與我們會合。他臉上掛著溫暖的笑容，彷彿渾然無視於周遭熙來攘往的旅客。他逐一向在場的人士致意，時而微笑，時而點頭，時而來個擁抱，並偶爾發表一、兩句簡短扼要的評論。

儘管經過了一段長途的飛行，他依然保有他那出人意表的幽默感。有人問他：「薩古魯，你這趟飛行怎麼樣？」他立刻回答：「喔，他們沒讓我飛！我只是坐在那兒。」說完他便仰頭朗聲大笑。

他雖然已經奔波了三十六個小時，而且還有一段路程要走，但他看起來仍舊不慌不忙、從容淡定。只見他全神貫注地和那些群眾互動，回達他們的問題，並和志工們討論了一下他的行程。

這不是我第一次看到他在公開場合和人們互動。我發現在這些場合中，他從不曾為了自己的需求而拒絕別人。彷彿他在面對那些前來尋求指引的民眾時，就忘了自己的需要。縱使他肚子已經餓了或者前一天晚上沒有睡覺，縱使他之後還要工作好幾個小時，他還是會耐心地招呼那些大排長龍等著要和他說話的人，並一一回答他們所提出的問題。即使是雞毛蒜皮的問題，他還是回答得很有深度。曾經有好幾個人告訴我：他們問了一個很普通的問題，沒想到他回答的卻是他們內心真正想問卻沒有說出來的問題。有一次我向他提到這一點時，他答道：「我的回答向來都是針對人，而不是針對問題。」

大約有半個鐘頭的時間，薩古魯一一地和那些人寒暄，專心聽他們說話，並且彼此問候、說笑。從那位做肥皂的女士到那個送飛盤的男子，每個人似乎都很高興能再次見到薩古魯。他所散發出來的那種有如太陽一般的能量感染了每一個人，讓他們的臉上都洋溢著光彩。直到人群散盡後，我和薩古魯才悠閒地朝行李提領處走去。當我們站在那兒等候他的行李抵達時，我看了一下他們先前送他的一份禮物。那是一本有關蘇菲派的神祕主義詩人魯米（Rumi）的書。我對魯米略有研究，知道他的詩作主要是在歌頌人與神之間的愛，於是我便問薩古魯：「愛是一個人所能追尋到的最好的事物嗎？」

就在這時，他的行李出現了。薩古魯連忙伸手去拿，因此我猜想他可能沒有聽到我剛才問的問題。拿了行李之後，我們便穿越那燈光明亮的室內停車場，走向我停車的地方。一路上，他的皮箱的輪子摩擦著地面，發出吱嘎吱嘎的聲音，迴盪在停車場四面的煤渣磚牆間。

我深知薩古魯的個性是「靜若處子，動若脫兔」，於是便問他是否想要擔任駕駛。事實上，大家都知道薩古魯喜歡開車，不僅如此，他還開得很快。但經過如此漫長的旅程之後，我心想他說不定會想要休息一下。結果，門兒都沒有！於是我便翻了一下白眼，笑著把車鑰匙遞給了他，心想：「我早該知道他不可能會放過這個機會的！」我坐上了副駕駛座，把安全帶繫好，腦海中再次浮現有關他的駕駛作風的傳聞。據說他在印度（那裡並沒有最高速限）開車時，往往會把油門開到最大，就像他喜歡挑戰學生的極限一般。

他把鑰匙插進點火開關後就用熱切的眼神看著我，問道：「我可以開多快？」我不知道他為什麼要問，因為這件事完全由不得我作主。就算我回答了，他恐怕也沒聽見，因為那一瞬間他已經「嘎吱」一聲把車子開出了停車場。

從亞特蘭大開到我所居住的山區，通常要將近三個鐘頭的時間，但短短幾分鐘之後，薩古魯就已經把車子開出了市區，一副要締造最高車速紀錄的態勢。我心想，人們（包括那些負責公路巡邏的州警）如果知道有一個印度瑜伽大師正開著一輛BMW敞篷車在85號州際公路上飛速馳騁，恐怕會覺得很荒謬吧，但我只是莞爾一笑，輕鬆以待。我知道，這將是一趟不可思議的旅程。

之前在印度時，我已經多次領教他那又快又猛的開車風格，於是我趁機問道：「薩古魯，你為什麼那麼喜歡飆車呀？」

「喔！」他微笑著答道。「我對生命中的一切都充滿熱情。但現在我因為忙於工作，時間有限，許多事情都沒辦法做，開車就是其中之一。」

他一邊說著，一邊轉換車道，手法俐落而純熟。接著，他又說道：「我從小就喜歡各式各樣的車子。有一段時間，我最大的夢想就是買一輛腳踏車。當車子終於到手後，我花了很多時間保養維修，經常把輪胎換新。只要車胎有一點點磨損，我就會把它們送人。但這不是為了擺闊或充門面。事實上，我根本不在乎腳踏車的外觀，而是因為裝上新的輪胎以後，騎起來的感覺就不太一樣。這才是我在意的事情。」

「我知道你開起車來是什麼模樣。」我說。「所以，我猜你當時應該磨壞了很多輪胎吧？可是你哪來這麼多錢一直買新輪胎呢？」

薩古魯聞言便笑了起來，說道：「我小時候經常打零工賺錢。」

「比方說呢？」我問。我想知道印度的小孩如何賺錢。

「當時有一個研究園區願意花大錢請人去抓園裡的毒蛇，包括眼鏡蛇和蝰蛇等等。依照尺寸的大小計價。除此之外，我也抓鸚鵡。我想多賺一點錢，以便能夠保養我的腳踏車，並且騎著車子去旅行，所以我很高興能找到那份工作。更何況，那種事情別人既不願意做，也做不來。為了尋找刺激，也為了賺錢，我願意去做那些被別人認為很危險的工作，也願意接受任何挑戰。」

難得聽到薩古魯談及他的童年，我聽得津津有味，可是心裡也不免訝異：「哇，他居然還跑去抓毒蛇？」

接著，他繼續說道：「別的小孩經常挑戰我，問我敢不敢爬這個、爬那個，我全都接招。一賺到錢，我就會找幾個男生一起騎腳踏車出去玩。人數大約十到十五個，一出門就是四、五天，費用都由我支付。對一個十歲的男生而言，這可不是一筆小數目。我的錢就是花在這上面。我從來不上館子，也不買衣服，因為我喜歡的戶外活動太多了。」

薩古魯對汽車的愛好也表現在他對各種車型的了解上。我們沿著州際公路行進時，他經常一邊開車，一邊針對路上的車輛進行評比，談論每輛車子的型號、引擎規格、齒輪比、變速能力以及車子的性能等各項細節，還能指出每一個車型製造生產以及變更設計的年分。在我看來，似乎沒有什麼東西能逃得過他的法眼。

「你好像是一本汽車百科全書呢！」我說。但他並未回應，反而轉換了話題。

「我也很喜歡開飛機呢。」他說。「當時，我因為太想開飛機了，差一點就去當空軍呢。後來，我和幾個朋友一起打造了一架滑翔翼，還親自下海試飛。我乘著那個搖搖晃晃的玩意兒從附近的一座山丘上跳下去，結果不但沒有飛上天空，反而立刻墜落在下面的深谷裡。最後，滑翔翼摔壞了，我的兩隻腳踝也摔斷了。」說完他便大聲笑了起來。他的笑聲中氣十足，而且很有感染力。

「哇，你爸媽一定很高興。」我揶揄他。

「是啊，我父親總是很擔心我。他說我一副天不怕地不怕的樣子。」我莞爾一笑，搖了搖頭。天哪！飆車、開飛機、抓毒蛇？天知道他還做了些什麼！看來他不僅膽子很大，也熱衷機械工程。我心想：就像他喜歡開快車一樣，他也熱衷於加速他的弟子們的靈性進化。同樣地，他所傳授的瑜伽其實也是一種工程：一種靈性上的工程。

薩古魯似乎比我所認識的任何人都更清楚他這一生所要追求的目標，但年少時他也曾經有過狂放不羈、迷失方向的歲月。我心想：相較於一般人，他當初是如何掌控他的人生的？是什麼力量影響了他？這和命運有關嗎？人是否會被命運所左右呢？

車子開在公路上，路面那些快速掠過的白線讓我有些昏昏欲睡。於是我又開口問道：「薩古魯，世上有所謂命運這回事嗎？我們對自己的生命有多少掌控權呢？」

我一直是個設定好目標後便全力向前衝刺的人。我以此自豪，也知道這樣的特質對我的人生（尤其是在事業方面）頗有助益。然而，我也明白生命中有許多事物不是我能控制的。我想知道這世上有多少事情是我可以憑著自己的努力達成的。從靈性的角度來看，我們生命中所發生的種種究竟是由哪些力量（比方說：因果業力）決定的。我們是否只能任由命運擺布？命運是可以改變的嗎？

聽到我的問題，薩古魯沉吟了一下，接著便表示：「我想你真正想問的應該是：我們這一生的命運是否都已經註定好了。而你之所以會問這個問題，是因為你生命中發生了一些你並不喜歡卻無力改變的事。」

「那麼，這就是命運嗎？如你所知，外在的情境是由許許多多不同的因素決定的。比方說，我們在開車的時候，會受到重力、地球的自轉和公轉、原子力和其他許多因素的影響。此外，還有一些力量是我們目前仍然很難察覺和理解的。對於這些力量，我們所知有限，能夠控制的程度自然也很有限。」

「舉例來說，我們可以控制車輛行駛的方向，確保油料足夠並且遵守交通規則。這些都是我們可以控制的。但我們無法控制重力。但話說回來，在過去這五十年間，我們對各方面的知識都已經有了大幅的進展。因此，我們現在比較不會去想命運這回事，而是把注意力放在人為的事件上。這樣講，你明白嗎？」

他停頓了一下，以期待的眼神看著我，顯然要我回答他。

「我明白。」我答道。「我當然不會像我奶奶那樣，認為一切都是命中註定的。」

「所以，」他繼續說道：「在未來的一百年間，如果我們的認知和理解大幅提升，我們就愈來愈不會被命運擺布了。到時，大多數的狀況我們都可以掌握了。事實上，這已經慢慢地、一步一步在發生了，不是嗎？不過，有些因素我們目前還是無法理解。而凡是我們所不理解的事情，我們往往會說那是上帝的意旨。但這是一種很幼稚的說法，只不過是隨隨便便找個答案罷了。我們之所以會說那是『上帝的意旨』，純粹是因為我們不了解生命的真相罷了。

「目前我們正在印度南部的鄉村推動一項大型的計畫。我雖然從年輕的時候就一直和鄉下人打交道，但等到我真的去了鄉下，看到那裡的情況，還是嚇了一跳！你想想看，在二十一世紀的現在，印度每個村莊方圓五公里之內都有一家政府開設的藥局，但每年居然有七萬多名兒童因為結膜炎這種完全可以治癒的疾病而失明。

「結膜炎並不會讓人失明。而那些孩童之所以會失明，是因為他們一直揉眼睛所致。事實上，他們得了結膜炎，就算不點眼藥水，四天之後也會自行痊癒，只要他們不揉眼睛就沒事。問題是他們受不了那種癢的感覺，所以就一直去揉。其實這個時候，只要給他們點兩滴抗生素藥水，他們就不致會失明。你認為這是命運，還是我們可以改變的事？」

「這當然是我們可以改變也應該去改變的事。」我答道。

薩古魯接著又說道：「無論你的命運如何，其實都是你自己創造出來的，只是你自己不曉得罷了。你的命運完完全全都是你自己創造出來的，和別人沒有關係。造物者已經賦予你充分的自由。祂把自己放進你心中，讓你可以創造自己的命運。人們之所以經常談論命運，是因為他們失去了希望。你可以有意識地創造自己的命運。說到這裡，我希望你能認識另外一種科學，那便是內在的科學，也就是瑜伽的科學。我希望你能體會到它的力量，並透過它得到解脫，成為自身命運的主宰。」

「到目前為止，你還沒了解：身而為人，你具有多麼巨大的潛能。如果一個人能夠充分發展，神性就會成為他的一部分。如果你能控制自己的身體，就可以掌握你的人生和命運的百分之十到十五。如果你能適當地控制自己的心靈，就可以掌握你的人生和命運的百分之四十到六十。如果你能完全掌握自己的能量，就能夠百分之百地掌握你的人生和命運。」

「瑜伽這門科學就是要在身體、心靈和能量這三個層面上下工夫。一個人只有在把自己的問題完全解決之後，才能充分探索自己的潛能。也就是說，只有在他的身體、想法和情感都沒有問題的時候，他才能充分地表現自我。我們靈修的目的就是要解決這些問題。等到這些問題都解決了之後，你就可以決定自己要去哪裡以及你接下來的方向和目標。這些都操之在你。為了增進我們外在的福祉，我們發展出了物理學。同樣地，為了我們內在的幸福，我們也發展出了一門內在的科學。那便是是瑜伽的科學。當你精通了這門科學之後，就可以百分之百地掌握自己的命運，甚至可以決定自己出生在什麼樣的家庭或者有什麼樣的母親。」

「你可以選擇自己要不要出生、怎麼出生或怎麼死亡，也可以創造自己想要的人生。事實上，你現在就已經做出了選擇，只不過那是無意識的選擇。但你也可以做出有意識的選擇。如果你不設法掌握自己的命運，你的人生就會充滿各種意外。在這種情況下，你自然會感到焦慮不安。世界上大概有百分之九十的人都是一直處在焦慮的狀態中。這純粹是因為人們沒有努力去掌握自己的人生，只是一味地隨波逐流、逆來順受。」

「我們是如何在不知不覺間創造了自己的命運呢？是我們的想法、行動還是我們過去的所作所為造成的？」我問。

薩古魯答道：「你的個性、人格、你這整個人都是你人生的各種印記所累積而成的複雜產物。這就像是你的軟體，也就是所謂的『業力』。它是你的所有印記的總和。你所感知到的一切都會烙印在你的心靈上，甚至也烙印在你的能量中。你的身體和能量之所以會變成現在這副模樣，都是你的業力所造成的結果。它就像已經寫好的程式一般，決定了你現在移動身體的方式。所以，你所謂的「業力」其實就是你過去留下的許許多多印記所形成的總和。它構成了你的軟體。由於這些印記，你逐漸發展出一些傾向，但你自己並沒有意識到。」

「你的身體、心靈、情感和能量全都根據這些傾向運作。這就是業力對你的生命所造成的影響。一個人除非有相當程度的覺察，並且在某種程度上能夠自我控制，否則他一定會被這些傾向所左右。儘管你可能會感覺自己正在被某種力量推往某一個方向，但事實上一切都是你自己造成的，與別人無關。」

「如果那是我們自己創造出來的，那我們能不能加以消除或避免呢？」我問。我心想：如果可以的話，那就太令人振奮了。「換句話說，我們能不能透過覺察來改變它？或者說，世上有一些事情是註定會發生的嗎？」

薩古魯答道：「就目前的情況而言，有許多事情是註定會發生的，因為你的傾向已經深深烙印在你的內心。它們對你的影響遠遠勝過你的決心。如果你決意朝某個方向前進，那你當然可以改變許多事情，但有些根本的東西不是你能改變的。不過，人一旦能夠在某種程度上掌握自己的生命能量，他就能完全改變自己的人生。」

「現在，我們要談談如何有意識地創造自己的命運。當一個人開始追求靈性，想要尋求解脫時，就表示他想要掌控自己的命運。你也是這樣。當你開始練習瑜伽時，就表示你正試著掌控一部分的自我。先從身體和呼吸開始，然後再到心靈和能量，一步步的進行。這樣，你不僅可以免於受苦，也一定能夠改變你的命運。」

我答道：「薩古魯，你在上課的時候曾經說過：如果我持續練習，就會看到成果。到目前為止，我也確實看到了。現在我的生活已經過得比較輕鬆了。事實上，我還挺喜歡做那些練習的。我那些大大小小的毛病都消失了，我也不再像從前那樣經常處於焦慮的狀態。不過，我並沒有感覺已經能夠掌握自己的人生了。」

「雪柔，你確實已經開始掌握你的人生了。我第一次遇到你的時候，你的健康狀況很糟，連眼窩都是凹陷的。你如果沒有持續練習，將來勢必會很慘。也就是說，你當初如果沒有繼續練習瑜伽，你的狀態一定會比現在差很多。這一點你只要問問看你的醫生就知道了。但現在，一切都改變了。所以，你有沒有掌控自己的命運呢？

現在的你已經站穩了腳跟，不管做什麼事，都可以做得比以前好很多。所以，你生命中的這個部分確實都已經在你的掌握中了。你只要問問你的醫生，就知道我說得沒錯。一旦你的健康糟到像他所說的那個地步，那你就什麼事情都做不了了。但現在，這些問題都解決了，你的能量已經提升了。你可以看看你的健康狀況進步了多少。所以，當初你決定要掌握自己的健康時，你已經在不知不覺之間也掌握了其他的部分了。」

說到這裡，薩古魯將他的墨鏡往下推，用他那雙充滿智慧、似乎無所不知的眼睛看著我。眼前的他紮著馬尾，顯得年輕而有活力。我知道他希望我了解：發生在我身上的一切絕非偶然。事實也是如此。我的身體復原的情況已經超乎所有醫療專家的預期。在開始練習「艾薩瑜伽」之前，我的健康狀況簡直糟透了。我必須花很大的力氣才能繼續工作，只能假裝自己沒什麼毛病，才能勉強撐下去。晚上回到家之後，已經筋疲力盡，做不了什麼事了。但現在，我的情況好極了，感覺很輕鬆。

「那麼，我們要怎樣才能徹底掌握自己的命運呢？」我問。「我聽到有人問你要如何控制自己的念頭。她說不知道為什麼她的念頭就像脫韁野馬一般，四處亂竄，不受控制。事實上，這似乎也是大多數人的寫照。我曾經聽你說：當我們過度認同自己的身體、心靈、工作和家庭等事物時，我們就無法控制自己的念頭。你的意思似乎是：這關乎我們是否能夠主宰自己的命運。是不是可以請你解釋一下？」

「一旦你認同許多外物，你就無法不產生念頭。從身體到心靈、情感、事物和其他人，你有太多虛假的身分認同了。」

「人們並不了解這些虛假的身分認同和自我之間的關係。在這樣的狀態下，你可能還是會快樂，也可能會因為某些外境而感到喜悅，但卻無法歡歡喜喜、單單純純地做自己，必須藉由外在的事物才能感到快樂。而且大多數人都是如此。」

「薩古魯，我所認識的人幾乎都是以擁有完美的生活為主要的目標。」我說。「他們希望能有完美的伴侶，住在風光美麗的房子裡，並且有用不完的財富。我也是。但我覺得這樣子我們就太小看自己了。世上應該還有許多值得追求的東西。」

「那當然。一旦你開始內在的修煉（sādhana），就能在一定的程度上控制你的身體、心靈和能量。一個人如果想要走上靈性的道路，就需要大幅提升自己在這幾個方面的掌控力，但如果你追求的只是物質上的幸福，你只需要具備某種程度的掌控力就可以了，而且你很易就能達到你的目標。」

「我仍然覺得我們如果只想追求一個美好的人生，就太小看自己了。」

「你只要稍微具備掌控自己的心靈和身體的能力，就能輕易地擁有那些東西。如果你能將自己的生命能量強化並提升到某個程度以上，讓你的能量對你的影響力更勝於你的心靈和身體，你就能夠毫不費力地創造出自己想要的東西。到時，你想要的那些物質層面的東西都會自動送上來，不需要你投入太多的時間。那些成功的人士都是能夠一定程度地掌控自己的心靈的人。他們比別人更能專心致志的做一件事。不過，你最好能夠超脫慾望的束縛，不被它們所驅使，否則你將會創造出太多不必要的東西，讓地球失去平衡。」薩古魯說道。

「我覺得很挫折。」我說。「因為在我開始集中精力追求自己的目標之後，在外在的事物上已經取得了不少成就，但在靈性上卻毫無進展。」

「你已經取得了一些小小的進展，但沒有很大，而你希望自己能有重大的改變。事實上，如果你能體驗到創造的源頭就在你的內心，並且把焦點放在自己身上，你就能改寫你的命運。」

我確實一直沒有什麼重大的改變。薩古魯提醒我：我的健康狀況已經大有改善，而這一點是很重要的。我無意貶低健康的重要性。當一個人身體不好的時候，對他來說，健康的重要性就勝過一切。我當初因為耐力不足，又經常這裡痛、那裡痛，因此剛開始做「艾薩瑜伽」時，簡直困難重重。現在身體沒什麼毛病了，我才更能體驗到這種瑜伽的妙處。然而，這也讓我更加渴望能夠達到我所能及的最高境界。

車子開在州際公路上時，我並沒有怎麼注意窗外飛逝的風景，這會兒才發現我們已經開上了一條雙線公路，很快就會抵達喬治亞州北部的山區了。此刻，放眼望去，只見道路兩旁盡是一片綠油油的田野，上面點綴著一堆堆捲得整整齊齊的金色乾草，我們的四周則是一片霧濛濛的山脈。在路上，我們找了一個地方停下來，把敞篷車的車頂放下來。我們離開亞特蘭大市時，氣溫是華氏九十五度，天空是白色的，但在這裡，氣溫低了至少十度，而且非常乾爽。天空湛藍，美麗而明亮。

再度上路後，薩古魯繼續回答我剛才的問題。

「首先，你應該確立自己的身分。」他說。「現在你的焦點是分散的，因為你認為你的『自我』就是你所認同的事物，包括你的身體、心靈、房子、車子、丈夫、小孩、寵物以及你的教育程度、事業、權力和其他你所累積的一切。如果我把這些東西都拿掉了，你就會覺得自己什麼都不是了。因此，你所謂的『自我』其實是你周邊的東西。但是當我說『你』的時候，我指的就是你，不是這輛車、不是這趟旅行，不是這個星期所發生的事，也不是你的小孩或任何其他東西，純粹就是你。如果這個『你』守住它的本來面目，不認同其他任何外物，你就可以依照自己的心意改寫自己的命運。但現在，你只是一個散亂的存在，由過去的種種積累而成，沒有一個真正地你。你必須把這些亂七八糟的東西撿起來，丟到一旁。」

「只要你認同你所積累的那些東西，你就是一個集合體，而一個集合體的命運已經註定了，永遠無法被改變。但你一旦成為一個個體，你就無法再被分割。凡是無法被分割的事物就是無限的。每一件事物都可以被分割成一個個部分，除了那無限的事物之外。凡是可以被分割的就不可能全然穩定。也就是說：你如果是由一個個部分所組成的，那麼光是要讓這些部分連在一起、不致分崩離析，你就必須花費很大的力氣了。難怪現代人都很焦慮。然而，你一旦成為一個真正地個體，不認同任何事物，你就掌控了自己的命運。我希望你能了解這一點。」

我也很想了解。聽了薩古魯這番話，我心想我是怎樣在不知不覺中失焦了呢？沒錯，我現在已經不再像從前那樣充滿焦慮了，但在靈性上還是沒辦法達到自己想要的目標。正如薩古魯所言，他的回答並非針對問題本身，而是針對提問的人。我知道他剛才那番話就是在針對我。我心想：我是否仍然太過認同他剛才所提到的那些東西，包括身體、心智、房子、車子、丈夫、孩子、寵物、教育程度、事業和權力等等？我該如何讓自己一方面認真生活，一方面又不去認同那些世俗的東西呢？有些人為了要開悟，不惜離開塵世，去當一個瑜伽行者，但這不是我要的。我希望能保有現在的生活。但這樣有可能開悟嗎？薩古魯說，即使過著世俗生活的人也能得到解脫。但要如何做到呢？要如何才能體驗到那種「不可分割」的感覺？

過了一會兒之後，薩古魯繼續說道：「你愈是受制於頭腦的邏輯思維，就會愈想要把他人排除在你的生活之外。今天我們的社會都在助長這種排他的心態。但這樣的做法會讓你遠離生命，活在自己做成的繭中。人們之所以會排斥他人，是因為自己的內心惶恐不安。但是當他們沒有和他人連結時，又會變得愈來愈沒有安全感。如此這般，便形成了一種惡性循環。在當今的世界裡，大多數人都有這個現象。但這純粹是心理因素在作祟。」

我心想，美國的文化豈不正是如此？我們各自生活在屬於自己的世界裡，自成一個天地，把所有我們不喜歡或不想要的人屏擋在外面。而且這樣做的不只是有錢人而已。貧窮的社區對外人也同樣不友善。我們只允許少數的人進入我們的生活圈子。我們是否正因為這樣的自我孤立現象而無法真正地生活？

「你的身體和生命是具有包容性的。這個身體是你撿來的，是地球借給你的，但你卻讓它成了你的『自我』。你每次吸氣和呼氣的時候都是在和這整個世界打交道。你的內在能量自始至終都和萬物相連。因此，你的排他性純粹是你用心智架設而成的藩籬。換句話說，你的心智與萬物的狀態並不一致。當你的心智與你的生命格格不入的時候，你就不太願意讓你的生命達到巔峰。但這純粹是受到心理因素的影響。」

「事實上，你體內的每一個細胞都正在努力存活，積極繁衍。你如果不明白這一點，那麼當你感到非常沮喪，不想活下去的時候，請你試著閉上嘴巴，摀住鼻子，看看會發生什麼事。你會發現你身體將清楚明白地告訴你：它想要活下去。由於生命的過程是具有包容性的，因此你如果有排他的心態，不願意接納生命的歷程，那對你自己的生命是不利的。這便是人類所有苦難的根本源頭。如果你能調整自己的心態，讓它和你的其他部分協調一致，你的心智就會變得能夠包容一切。這時，你就可以感受到喜悅的滋味。凡是你心甘情願去做的事情就是你的天堂，凡是你心不甘情不願去做的就是你的地獄。當一個人什麼都可以包容，什麼都可以接納時，他自然會處於喜悅的狀態。」

「瑜伽的目的就是要認識並體驗到萬物都是你的一部分。如今科學界已經證實萬物都屬於同一股能量。各派宗教也宣稱上帝是無所不在的。無論你說『上帝無所不在』還是『萬物都屬於同一股能量』，意思其實都一樣，只是脈絡不同。科學家用數學的方法推斷出這個事實，但那只是頭腦上的理解，而非親身的體驗，因此他的生命不會因此而改變。宗教人士則是純粹相信這個事實。但這兩種方式都無法讓一個瑜伽行者感到滿足。他想透過親身的體驗來理解這個事實。就這個意義而言，瑜伽可以說是一種技術，它能幫助人們從個別存在的狀態進入與宇宙合一的狀態，並進而了解與體驗生命。」

「眾所公認的瑜伽之祖帕坦伽利（Patanjali）曾以極其優美的語言闡述了這點。他所撰寫的《瑜伽經》（Yoga Sutras）開頭第一句話便是：『現在，可以修習瑜伽了！』（And now, yoga）他的意思是：現在你已經嘗試過所有的事物，嘗到了金錢、權力、財富、愛情和歡愉的滋味，甚至還吸過毒。」薩古魯說到這裡便大聲笑了起來。「這些東西固然很好，但都不太管用，不能帶給你很大的滿足。當你明白這一點時，就可以開始練瑜伽了。」

我想到我這一生所經歷過的一切。我曾有過許多歡樂開心的時刻，也還記得當年我意識到自己已經事業有成時的那種感受：「我終於辦到了！曾經是個窮光蛋的我現在終於有能力可以買下一棟屬於自己的房子、上自己喜歡的館子、前往世界各地旅行，做所有我想做的事情了！真是太棒了！」但這一切對我來說永遠都不夠。我生命中的所有事物，無論多麼美好，都不能完全滿足我的需求。

「一般來說，許多人之所以喜歡金錢、權力、財富之類的東西，只是因為它們不是一般大眾所能擁有的，所以才覺得這些東西很特別。如果這世上每一個人都是億萬富翁，你就不會想當個億萬富翁了。人們所喜歡的往往是他們心目中很特別的東西，而且最好是世上唯一的東西。但這些東西無法為你帶來真正地、純粹的喜悅。當你明白這一點時，就可以開始修習瑜伽了。這也是為什麼帕坦伽利在撰寫《瑜伽經》時，開頭第一句話就是：『現在，可以修習瑜伽了。』

「我們可以體驗生命，但不要被世俗之物所染著。就像走路一樣，我們行走的時候，當然希望能走在一條讓人感覺很舒服、愉快的街道上。這沒有什麼問題。但不要在上面投注太多的心神，否則你可能會變成眾人踩踏的路面。因此，你要把所有的時間和精力都用來修煉自己的內心。」

「如果你的命運掌握在自己手中，你會選擇當一個奴隸還是當一個自由的人？

毫無疑問，你會選擇自由，因為所有生命都有一個最深沉的渴望，那便是了脫生死。因此，一旦你清醒過來，把命運掌握在自己手中，自然而然就會知道下一步該怎麼做，因為你的內在生命是有智慧的。它必然會選擇自由，而非奴役。唯有你在無意識的狀態下創造出自己的命運時，你才會打造出捆綁自己的枷鎖。」

我點了點頭，心中暗自尋思：我知道我一直都太過認同自己的身體和心智。事實上，絕大多數人都是如此。我們雖然相信人在肉身死亡後，會進入另外一個世界，但還是不免會認同這具軀殼。我明白我們不應該認同自己的身體，甚至知道我的心智並不等同於我，因為它不可盡信。但我一直沒有意識到除了身體與心智外，我還認同了更多虛幻的事物。

聊著聊著，我突然發現我們的車子已經開上了通往北卡羅萊納山區的一條岔路。我雖然還有許多關於命運的問題要問薩古魯，但也想知道自己在他停留期間能夠提供他什麼協助。於是我問他：「薩古魯，你這個星期要做什麼？我能幫上什麼忙嗎？」

「你很會做菜嗎？」他笑問。

我皺起眉頭老實承認：「不太會耶！我是可以準備一些吃的，但那恐怕算不上是『做菜』。」憑我的三腳貓工夫，我實在不敢為他燒飯，更何況他的助理黎拉將會前來和我們會合。我知道她的烹飪技術比我要好得多。

「那麼對我來說，你恐怕就派不上什麼用場。」他再度笑道。

「不，我是說真的。在工作上有什麼我可以幫忙的地方嗎？你有什麼需要，請儘管告訴我。」到目前為止，我還不知道他到了我的住處後，打算從事什麼性質的工作。所以老實說，我之所以會這樣問，是想要打探出一些線索。我曾聽許多人說過他的工作有一部分（而且是很重要的一個部分）頗為神祕，但他卻鮮少談及。

我原本以為：即使我問了，他可能也不會透露什麼。沒想到他沉吟了好一會兒之後便說道：「雪柔，我有許多學生。他們散居世界各地，和我親如家人，有時我也需要稍微照顧他們一下，因為他們當中有許多人要靠我來獲得健康和快樂。除此之外，還有一些面向可能是你用頭腦難以領會的。說起來你可能會很驚訝，那些接受我指導的人有一部分從來不曾和我見過面。他們的人數甚至比那些和我見過面的人更多。對我來說，距離的遠近並不是問題。

「更何況，人們不僅希望我能給他們靈性上的指引，也會尋求其他方面的協助。除此之外，我還必須照顧許多病人。有時，我還得在適當的時機幫助他們轉換。」

這確實超出了我所能理解的範圍，但我真希望我能了解關於他的一切。薩古魯語畢便陷入了沉默，似乎無意多談。於是，我便趕緊改變話題，問他黎拉為何會如此幸運，能夠擔任他的助理，有這麼多的時間可以和他在一起。

「你知道，我出門在外時，喜歡和那些安靜的人同行。」他答道。「我不需要任何人陪伴。我在獨處的時候最自在，但我的工作經常需要和人做深入的互動。我一天到晚被人群包圍，而且我會毫不猶豫地涉入他們的生活，因為我不怕麻煩。我在和別人互動時，必定會全心投入。

「在私底下，我只讓幾個人在我身邊協助我，而且我挑選的都是那些個性很沉穩、可以獨當一面、不太需要我照管的人。我們彼此之間很有默契。我不需要交代，他們就會自動把事情做好。從許多方面來說，他們已經成了我的一部分。即使他們待在我身邊，但由於他們內心很安靜，所以我仍然感覺我是在獨處。在這樣的默契之下，他們都可以把該做的事情做得很好，不需要我下達什麼指令或做什麼說明。

「感謝你讓我們住在你家，並且那麼熱忱地款待我們，只可惜我大多數時間都需要一個人獨處，沒有太多機會享受你的招待。但到了晚上的時候，我會盡量和你們在一塊兒。」

他這番話讓即將到來的這個星期顯得更加神祕。我不知道該說些什麼，只好坐在那兒默默地咀嚼他話中的含意。接下來的那一小段時間，我們兩個都沒有說話，直到我們抵達目的地為止。當車子開進我家的車道時，我看了一下儀表板上的時鐘，發現我們抵達的時間比我之前預期的足足早了四十五分鐘。

當薩古魯停好車子並且關掉引擎時，先前機場那兒的人送他的魯米選集突然從儀表板上掉了下來。我把書撿起來時，感覺原本安靜的氣氛有了些許變化，彷彿有什麼事情要發生了。看到書本掉落，薩古魯或許想起了我先前在行李提領處問他的問題：「愛是一個人所能追尋到的最好的事物嗎？」於是他輕聲地問我：「雪柔，你追尋的是愛，還是那至高無上的境界？」

我一時目瞪口呆。由於我之前在機場提出這個問題時，他並未回答，因此我還以為他沒有聽到。但歷經好幾個小時之後，在距機場幾十哩的地方，他居然無縫接軌地重拾這個話題。我想了一會兒之後答道：「薩古魯，我不明白什麼叫做至高無上的境界，但我知道什麼是愛。我只能說：如果生命中除了愛之外，還有別的，那麼我想要的就不只是愛了。」

他點點頭：「嗯，確實還有別的。」他說。「而且非常、非常多。」

CHAPTER 4

第四章
第一夜：午夜對談

「愛是你的品質。
愛不在於你做了什麼，
而在於你是個什麼樣的人。」
——薩古魯

下車時，我看到黎拉那輛豐田廂型休旅車已經停在我的車道上了，車前的頭燈還亮著。誰說瑜伽行者都不守時呢？

黎拉雖然還不到三十歲，卻有著超乎年齡的智慧。她是一個美麗的女子，有一頭漆黑的長髮，一雙又黑又亮的眼睛，皮膚也光滑無瑕。但她似乎毫不在意大多數年輕女性所熱衷的那些玩意兒，身上也經常穿著非常寬鬆的衣服。當我問她為何如此時，她說她在意的是衣服穿起來舒不舒服，而不是時尚，語氣一貫的滿不在乎。有一次，我向薩古魯提到：黎拉似乎對自己的美貌毫不在意，他笑著說道：「人們因為不知道自己有多美，才會經常需要別人肯定。黎拉已經沒有這種需求了。這是好事。」

黎拉說起話來一本正經、乾脆俐落但又往往很好笑，而且她很勇於表達自己的想法。她的頭腦清楚，說話很有邏輯，經常讓我有醍醐灌頂的感覺。

我剛開始在「艾薩瑜伽」擔任志工時，發現我並不是很喜歡裡面的一些工作人員，因為他們不但做事不可靠，還會把事情變得更加複雜困難，或者讓工作少了許多樂趣。自從創業以來，我多半只和自己喜歡、尊敬或覺得有趣的人一起工作，因此我想我已經被寵壞了。當我向黎拉抱怨此事，並告訴她我實在不太習慣和那些人一起工作，甚至不喜歡和他們在一起時，她只問了我一句話：「是舊成員還是新來的？」

「什麼意思？」我問。

她語氣平靜地答道：「我的意思是：他們是剛來的志工，還是已經在薩古魯身邊待好一陣子了？」想了一想，我發現這兩種人之間的對比確實頗值得玩味。我當時雖然剛成為薩古魯的弟子不久，但已經覺察到自己身上所出現的改變。仔細一想，我發現我討厭的那些人當中有許多都是剛加入「艾薩瑜伽」的菜鳥。同樣地，我最欣賞的那些人都是已經追隨薩古魯好一陣子的資深志工。

想到這裡，我發現雖然我加入「艾薩瑜伽」的時間並不長，但仍然目睹了那裡的人身上所出現的轉變。有人說，你不能根據佛教徒的行為來評斷佛陀。但是當我看到那些人在加入「艾薩瑜伽」後所出現的轉變時，卻認為這些現象顯示薩古魯和他所傳授的瑜伽術確實有過人之處。薩古魯曾說：他不在意來找他的是什麼樣的人，因為「他們來到這裡以後勢必就會改變。無論他們之前是什麼樣子，只要他們願意，就能夠在這裡幻化成美麗的生命」。同樣地，他也說過：一個高明的園丁不會抱怨土壤或種子不好。相反地，他會設法找到最好的方法讓植物開花結果。唯有在這個時候，才能真正看出一個園丁的本事。

黎拉告訴我：她剛開始在「艾薩瑜伽」基金會擔任志工時，往往會找那些她最不喜歡的人合作。

「為什麼？」

「因為我希望能跳脫自己的局限。而那些人會讓我明白我哪裡還沒做到。」

這種態度委實和我過去三十年來的作風大不相同。奇怪，我自認對人類的潛能頗有研究，卻從未想過我們加諸在自己身上的限制會讓我們變得胸襟狹隘，無法包容別人。其次，我向來很不願意踏出自己的舒適圈，但黎拉卻有好幾次告訴我：讓自己有一點不舒服，其實是一件好事。

黎拉頗有幽默感。我們在一起的時候，經常笑個不停。但我真不明白她是如何跟上薩古魯的步調的。他簡直就像一個超人。很難想像有人能夠像他那樣過日子。他每天都行程滿檔。這充分顯示他真是一個「不受任何局限」的人。他穿梭於世界各地的時間，簡直比大多數人一生進城的次數還多。

在印度時，我曾經和薩古魯及黎拉一起開車旅行。當時，薩古魯負責開車（這是一定的！）。他一路都把油門踩到底，車速一直維持在每小時一百二十公里以上。

有一次，迎面開來一輛卡車。我問他我們的車子是否靠它太近時，他說不要緊，中間還差個「四英寸」呢。

我心想：「天哪！四英吋是很多嗎？」

在那趟旅程中，他參加了兩個城鎮分別舉辦的靈修聚會。每到一個地方都有好幾千人來看他。只見他動也不動地坐在那兒，一連講了將近兩個小時。結束後，我們就回到車裡，繼續趕路。那一整天他都是這樣：在路上猛踩油門，到了靈修聚會後則一派安詳，全神貫注。等到我們抵達目的地時，已經是凌晨兩點了。但過了四小時之後，他就起床去踢足球了。

他日復一日、年復一年地持續著這樣的生活步調。我雖然在練了「艾薩瑜伽」後，體力已經變好了，但還是無法承受這樣的步調。有一陣子，我跟在他身邊，像他一樣每天頂多只睡三、四個小時，過了幾天後，我就已經睏到連講話都開始顛三倒四了。但黎拉卻可以一連幾個星期都陪在他身邊，即使每天忙個不停，睡眠的時間也很少，她仍然一點事也沒有。

抵達我的湖畔小屋後，我和黎拉便開始把東西搬下車，薩古魯則進入了我為他安排的那個房間。那裡就像屋裡的其他所有房間一般，有著鄉村風格的家具和木製的鑲板，牆上則掛著印第安人的毯子。起居室裡有一座壁爐，為屋裡增添了一些溫暖、舒適、悠閒的氛圍。我忙著把壁爐裡的火生起來時，黎拉也開始在廚房裡做菜。不到幾個鐘頭之後（那時已將近午夜了），她就端出了一道又一道極其豐盛美味的印度南方料理，而且接下來的那幾天都是如此，不僅不需要看食譜，而且菜色絕不重複。

飯菜端上桌後，薩古魯便出來和我們一起用餐了。至此，我們終於能夠安頓下來，準備度過一個愉快的夜晚。

飯後，我燒了一壺水，準備泡茶。當茶壺開始咻咻作響時，薩古魯突然問我：「雪柔，你那艘船還在嗎？」看到他的眼神發亮，顯然很想出去坐船，我不禁莞爾一笑。經過了將近兩天的奔波，他居然仍有這個興致。那艘船我雖然已經買了好幾年，但從來不曾在入夜後出航，更別說是在午夜時分了。看著他那熱切期盼的神情，我再度對他那過人的體力感到驚訝。

午夜通常是我就寢的時間，但薩古魯這個出人意表的請求頓時讓我精神大振。於是我立刻起身，帶著他和黎拉穿過那扇玻璃拉門，經由門後的那條小路走上碼頭。「船已經準備好了，等著出發呢！」我豪氣地說道，心裡暗自慶幸這艘船之前就已經加滿了油，也上好了裝備。

不久，我突然想到有幾樣很重要的東西我忘了帶，其中包括船的鑰匙。於是，我便趕緊衝回屋裡，拿了鑰匙，並抓了幾條毯子、一只大手電筒、一些火柴和一副夜視鏡，一起帶到船上。很快地，我們就出發了。

這真是一個美麗的夜晚，一個屬於北卡羅萊納州的完美夏夜。這裡由於海拔較高，因此溫度適中，不像白天時那般炎熱。我拎兩手滿滿的東西從小木屋裡走出來時，忍不住駐足感受戶外那清新宜人的空氣，欣賞澄淨的夜空中點點的繁星。此時此刻，蟋蟀和知了正嗡嗡嗡地齊聲鳴唱，空氣中滿是湖水、土壤和山林的氣息。

我回到碼頭時，薩古魯已經坐在舵輪處了。黎拉和我坐在船頭，看著他倒船開出碼頭。不久，我們的船便行駛在「谷景湖」（Lake Glenview）那墨藍色的湖面上了。薩古魯非常熟練地操縱著船隻，就像白天時開著我的車子那樣。湖水輕輕拍打著船底下那些用來讓船隻浮起並維持穩定的銀色浮筒。薩古魯的臉上滿是燦爛的笑意，讓那黝黑的夜色都為之明亮起來。此時此刻，湖面上除了我們之外，不見一個人影。此情此景讓我既興奮又激動。

這真是個完美的夜晚。

不久之後，我們來到了一座無人的小島。只見岸邊的樹林中有一片沙灘，上面躺著一棵已經倒下的樹木。於是，薩古魯便把船開到那沙灘旁，將它當成臨時碼頭。正當我和黎拉忙著將船隻繫好時，他逕自走到林中的一處空地上，並且很快便在那兒生起了一堆熊熊的火焰。我和黎拉繫好船隻後也走了過去，三人一起圍著火堆席地而坐，享受著營火帶來的光亮與溫暖。在這一望無際的夜色中，那火光彷彿一座燈塔，矗立在黑暗中。過了幾分鐘之後，薩古魯開始用他那渾厚的嗓音唱起一首令人難忘的梵咒。那曲調十分動人，幾乎有著催眠一般的效果：

Nadha Bramha Vishwaswaroopa
Nadha Hi Sakala Jeevaroopa
Nadha Hi Karma Nadha Hi Dharma

Nadha Hi Bandhana Nadha Hi Mukthi
Nadha Hi Shankara Nadha Hi Shakti
Nadham Nadham Sarvam Nadham
Nadham Nadham Nadham Nadham

逐漸地，歌聲沉寂了下來。天地顯得更加寂靜。我們三人默默地坐在那兒，享受著這安詳而幸福的感覺。過了一會兒之後，我便向薩古魯請教那梵咒的含意。

他說：「這首梵咒的意思大致上就是：『聲音就是梵，是宇宙的顯化。聲音顯化為萬物。聲音既是束縛，也是解脫之道。聲音可以將人捆綁，也可使人自由。聲音賦予我們一切，是推動萬物的力量，是一切的一切。』」

我思索著其中的含意，想到聖經中也有幾個地方提到了word（譯註：即「字詞」之意，但在聖經中譯為「道」）這個字以及它的重要意涵：「太初有道，道與神同在，道就是神。」（In the beginning was the word and the word was with God and the word was God.）我心想：這樣看來，所有靈性傳統之間彼此似乎都有著緊密的連結。

我們聊著聊著，後來黎拉開始和薩古魯談到之前請求薩古魯為他們證婚的一對年輕男女。在他們交談的空檔，我趁機問薩古魯世上是否有所謂的「靈魂伴侶」存在。事實上，我個人並不相信「靈魂伴侶」這回事，但自從這個星期我和我的兒子討論「是否每一個人命中都會有一個完美的對象」這個問題後，我的心中就一直有著這樣的疑問。我十九歲時就結了婚。當時我確實相信每一個人都會有一個屬於自己的「靈魂伴侶」，而且我已經找到了我的。但離婚之後，我便放棄了這個想法。不過，我身邊的一些朋友（甚至包括那些年紀和我差不多的人）還是一直在尋找一個理想的伴侶。我不知道世間是否確實有這樣的伴侶。或許歷經了婚姻的失敗之後，我已經不再相信這個了。因此，儘管我後來又找到了第二春，過得很幸福，也很感謝這個出現在我生命中的男人，但我從來不曾期待我們會成為彼此的靈魂伴侶。

薩古魯說道：「你是想問：我們每一個人是否都有一個靈魂伴侶嗎？」

「是的。」我答道。「我問的就是這個。」

「雪柔，你要了解一點。」薩古魯答道。他的臉上輝映著火光，眼睛炯炯有神。

「男歡女愛是一種生理行為，是身體上的一種需求，或許也可以滿足心靈和情感上的需求。因此，它在某種程度上是屬於身體的行為，在某種程度上也是屬於心靈的行為。但靈魂不需要這個，也不需要任何伴侶，因為它是絕對的、無限的。唯獨有限的事物才需要一個伴侶讓它感覺好過一些。」

這種想法雖然挺合理的，但聽起來未免太過不假修飾，一點也不浪漫、有趣。

「你為什麼要尋找一個伴侶呢？」他問。

「我猜應該是為了滿足自己。」我答道。

「你是為了讓你的身體感覺好過一些。」他的臉上露出了微笑。「這就是我們所說的『性』。性可以是很美好的。除此之外，我們也想讓自己的心靈好過一些。這就是我們所說的『伴侶關係』。此外，我們也想讓自己在情感上好過一些，這就是我們所說的愛。如果伴侶雙方在情感上能夠水乳交融，那麼這樣的伴侶關係就會非常美好、甜蜜，但也僅止於此。如果你和你的伴侶在肉體上很契合，彼此能互相陪伴，雙方之間也有強烈的愛意，那麼你的生活在許多方面都會過得非常美好。但如果你願意仔細、真誠地檢視這一切，你將無法否認這樣的關係會使你受到種種限制，而且必然會讓你產生一些焦慮的感覺。當然，一個人要是能找到一個在肉體、心靈和情感等各方面都和自己契合的人，這當然是很幸運的一件事，但如果你還想追求那更崇高的事物，那麼這種關係對你所造成的限制必然會逐漸讓你透不過氣來。」

「能夠擁有這樣一份令人愉悅的關係就像住在一座美麗的花園中。這是世上每一個人的渴望。但這和靈魂沒有什麼關係。

「你們透過這種方式和他人建立的連結都是屬於身體、心靈或情感上的連結，但沒有其他方面的連結。如果你們能提升自己的意識並在某種程度上掌控自己的能量，你們就能夠建立能量上的連結。

「我們務必要了解我們在生命中受到了哪些限制，並且盡可能與之共處，然後再想一想未來應該如何超越。

「你如果不了解你的愛情或婚姻對你所造成的限制，就會把它想得無比美好。但一旦關係破裂時，它就會變得非常醜陋，甚至使你無法優雅地離開。而它之所以會變得如此醜陋，純粹是因為你向自己和對方說了許多謊言。

「因此，你最好要坦白。就算你的伴侶不夠成熟，以致你無法對他百分之百坦白，至少你也要對自己坦白。這很重要。如果你想要理性地面對現實，開開心心地過日子，就絕對不能愚弄自己。但愚弄對方倒是無妨，因為他本來就是個傻子。這點你應該很清楚才對，因為他已經被你吸引過來了。光憑這一點，就足以證明他是個傻子。」語畢，他便大聲地笑了起來。

「謝啦！」我也笑了起來，雖然我覺得他開別人玩笑的時候比較有趣。

「你唯有對自己坦白，才能了解對別人坦白對他們來說是多麼重要的一件事。」他說。「對你的伴侶，你只要做到你認為最好的程度就可以了。我關心的不是你怎麼對待別人，因為那只是你的社交生活。我關心的是你這個人和你的本質。你一定要對自己坦白。

「這一點非常非常重要。如果你不這麼做，你的生活就會出問題。如果你對自己非常坦白，就能輕易看穿事物的本質。你會發現：別人很在意的許多東西，對你來說根本不重要，甚至沒有什麼意義。

「你對自己愈誠實，看事情時就會看得愈清楚，愈不會認為它們有什麼大不了。這樣你就變得愈來愈自由，而且很快地就比較不會再被捲入其中。你會把那些捆綁住你的繩索一根一根地切斷，然後你就會愈來愈接近崇高的實相。

「如果你不對自己徹底坦白，你這輩子可能會一直忙著應付每一件惱人的小事，直到你終於意識到所有的煩惱都對你毫無幫助，只是在浪費你的時間，浪費你的生命。

「但如果你對自己非常坦白，就會看出這個世界上大多數被高度理想化的事物其實毫無意義可言，真的毫無意義可言。那些東西都非常空洞。生命本身就已經很圓滿了，不需要任何裝飾。只有那些沒有體會到生命的強度、沒有察覺我們內在生命的莊嚴與美好的人才會認為自己必須做點什麼來讓生命變得更加美好。但這是一種很不成熟的想法。生命並不需要你來讓它變得更美好，只要你願意與它融合，就會知道它有多麼美好。」他說著便撿起一根樹枝，翻動火堆裡的兩、三根木頭，接著又把一根較大的木柴放了進去。不久，那火便又開始熊熊燃燒起來。

接著，他繼續說道：「這是否意味著你不應該享受生命中那些簡單的事物呢？不，我們應該要在每一個當下充分享受這些東西。請問：你會因為吃了晚餐而開悟嗎？不會！但這並不表示我們就不應該吃晚餐。我們還是會吃。我們為什麼不能享受生命的過程呢？肚子餓的時候，我們就去吃飯。即使吃晚飯不能讓我們開悟，我們還是要享受我們的晚餐，因為我們的身體餓了。同樣地，如果你的情感、身體和心靈感到飢餓，想要得到某些東西，你就去結婚，但在此同時你的心裡要很清楚：

那並不是你要追求的終極事物。這是你對待婚姻的一個最好的方法，也是最明智的方法。你如果相信太多關於婚姻的美好說法，最後一定會失望。終有一天，它會崩毀。就算你嫁給世界上最棒的男人，你的婚姻還是會崩毀，因為你無法欺騙自己一輩子。類似婚姻這樣的安排，都是為了讓我們自己以及我們身邊的人在人生的旅途中過得愉快。所謂的『平靜』、『喜悅』和『愛』都是愉快的感受，只是程度不同而已。」

「薩古魯，如果有人認為自己不適合婚姻的話，你認為他們應該終身不婚嗎？」我問。

「當然啦！你如果沒有需要，就不要結婚。你如果不餓，就不要吃晚餐。你不會因為其他人都在吃飯，就跟著一起吃。其他事情也是如此。你如果有需要，就會去做。如果沒有需要，也不必因為別人都在做，就跟著一起做。」

我聽著他的話，心想：我現在不知道會不會很容易受到他人影響。我確信我現在已經對自己很誠實了，但或許還是有可能在不知不覺之間被別人的意見左右。我很清楚地記得我是從什麼時候開始誠實面對自己的。當時我剛離婚沒多久。有一個晚上，天氣很冷，又下著雨，剛下班的我正開著車要去保姆家接我的兒子克里斯，沒想到我的車子卻在一條交通繁忙的馬路上拋錨了。當時已經凌晨三點了。我在傾盆大雨中跑來跑去，到處尋找電話亭時，心裡突然想到：我好像連一個可以打電話求助的對象都沒有了。這時，我才意識到一個殘酷的事實：由於我有一段時間一直封閉自己，不和家人、朋友往來，因此到了現在已經變得孑然一身、無依無靠了。然而，正當我開始要自憐自艾時，我心裡突然有一個聲音說道：「當初你是一個人來到這個世界上，以後也會一個人離開。中間這一段路你要怎麼走，就完全看你自己了。」此時，一種孤寂感頓時爬上我的心頭。我意識到自己彷彿已經接近生命的邊緣，不能再指望家人或好友的庇護了。我終於醒悟：我之前所擁有的那種安全感並不真實。實際上，無論有沒有家人或朋友，每一個人都可能會面臨無常。

從此以後，我學會開始和自己做朋友。過去，我很容易受別人影響，但是當我開始和自己和好後，我突然變得對自己非常誠實。這是我人生中的一個轉捩點。從此以後，我不再粉飾太平、自欺欺人。在開始練習薩古魯所傳授的「艾薩瑜伽」之後，我發現我愈來愈能看清自己的真實面目，也愈來愈能觀照自己在每一個當下的行為，並因而看見自己的許多不堪之處（例如以自我為中心的想法）。當我愈能看清自己的面目，並且如實面對自己時，我個人的需求也開始減少了。儘管在看到自己真正地模樣時，心中不免會感到難堪，但當我們帶著這樣的覺察開始改變時，一切就都值得了。

想到這裡，我看了一下手錶，結果很驚訝地發現：時間竟然已經是凌晨兩點二十分了。我們坐在島上這溫暖、明亮的火堆旁聊著聊著，時間就飛也似地過去了。

我和黎拉一邊聽著薩古魯說話，一邊添柴顧火。逐漸地，我對周遭的一切有了深刻的覺察：那輕輕拂過我們臉頰的微風、那湖水和火焰所散發出的氣息，都如此熟悉而甜美。眼前的火光給人一種溫暖而舒適的感覺。我看著薩古魯，發現他似乎知道我們還不想離開。於是，我便鼓起勇氣，問了他另外一個問題。

「薩古魯，從前我一直以為愛是我們所追求的終極目標，但你說還有別的。你所謂的『別的』指的是什麼呢?世上有沒有所謂的『神聖的愛』?」

他沉吟片刻後答道：「愛是人的一種情感，是人類所能給出的最美好的事物之一。但許多文化或者所謂的『文明』都刻意加以壓制。許多人費了很大的勁把愛外銷到天國去。但愛是人世的產物，是人心的產物。有太多人宣稱愛就是上帝。事實上，你無法知道上帝是否就是愛的化身，但如果你願意，就可以成為愛的化身。愛是人的一種情感。人類具有很強大的愛的能力。你不用去到天堂就可以認識愛。你所說的愛就是你心中的那份溫柔。事實上，就連你的狗也是愛的化身。

「由於我們教導人們愛來自天上，因此人們已經愈來愈缺乏愛的能力。事實上，愛來自我們的內心，不是來自天上。當我們不斷認同這個、認同那個的時候，我們的心中就會形成各種偏見。如果你能停止認同那些東西，並從而放下這些偏見，就會發現愛是人的天性，是人心中自然而然就會產生的一種情感。

「一旦你把這個世界分成『對的』、『錯的』、『你的』、『別人的』或者『上帝』和『魔鬼』，你的愛就開始有了條件，受到了外境的限制。這時愛就不再是你的品質，而是一種只有在遇到美好的人或物時才會產生的事物。

「簡而言之，身而為人，你擁有身體、心靈、情感和能量這四個部分。這四個部分的總和就是你所謂的『自我』。你的身體所能達到的最高境界就是健康和感官的愉悅；你的心靈所能達到的最高境界是喜悅和平靜；你的情感所能達到的最高峰則是愛；你的能量可以處於平凡、軟弱的狀態，也可以變得很熾烈，讓你達到狂喜的境界。這些是你目前能夠體驗到的四個部分。

「一般來說，人們的身體、心靈和能量通常無法達到太高的強度，但他們的情感（無論是怒氣、仇恨、嫉妒、愛或悲憫）卻可以。對大多數人而言，情感是他們最強烈的部分，而且它決定了他們大致上的生活品質。而愛是所有情感中最甜美的一種。

「如果你問別人他們希望自己的身體健康還是不健康，他們的心靈快樂還是不快樂，他們一定會選擇健康和快樂。同樣地，就情感而言，你希望自己是一個有愛心的人，還是一個充滿仇恨或憤怒的人呢？如果你用你的理性思考，自然會選擇愛。」

「當我說『愛』這個字眼時，你或許會以為我指的是對他人的愛，但愛與別人無關，愛是你這個人的品質。就像健康是身體的品質，快樂是心靈的品質一樣，愛也是你的情感的品質。即使你很愛的那些人不在你身邊，你還是會愛他們，不是嗎？此時此刻，就算你所愛的那些人已經不在了，你對他們的愛也不會改變。許多人只有在他們所愛的人已經死去或即將死去時，才會把他們心中的愛意表達出來。對於那些已經過世的人，我們向來都很愛，不是嗎？」說完他又笑了起來。

「每一個人都有能力去愛，但問題是大家都不滿意自己身邊的人和事，認為別人都不對，只有自己沒問題，分別心很重。

「你要真誠地省視自己。要看著你生命中最親愛的那個人，想一想你對他（她）

有多少不滿。一旦你心裡想著某個人或某件事不OK，你就無法去愛他們。你無法去愛那些你認為不OK的人。這類評斷和想法使得人們愈來愈無法去愛別人，但他們又渴望有歸屬感，於是他們就不由自主地會去依附那些讓他們成癮、對他們有害的事物。

「愛是你的品質。你身邊的人和事只不過是激發了你，讓你表現出這樣的品質罷了。如果你對自己的分別心有足夠的覺察，必定能夠去愛所有的人。愛不在於你做了什麼，而是在於你是個什麼樣的人。

「如果你把愛視為一種情感，你可以注意它的目標是什麼。從情感的層面來說，當你說：『我愛某某人。』時，你事實上是渴望與那人合而為一，因此你真正想要的是與他人合為一體的那種感覺。你內心有某個部分感覺自己還欠缺什麼，於是便渴望讓另外一個人成為你的一部分。這種渴望如果表現在身體層面，我們就稱之為『性』。如果表現在心靈層面，就會被稱為『野心』或『貪慾』。當它表現在情感層面時，你就把它叫做『愛』或『同情心』。

「愛只不過是生命對自身的渴望。這是一種想要包容一切的渴望，因為當你能夠包容一切時，你就成了一個無窮無盡的存有。但無論你試圖透過身體、心靈或情感等途徑來達到這個目標，你都不可能會成功。愛經常會讓人感覺自己已經跨越人我的藩籬，成為一個無窮無盡的存有，但到頭來你總是會發現事實並非如此。

「如果你超脫了你的分別心，你就達到了『三摩地』（samadhi）的境界。『三摩』（sama）的意思是『平靜』，『地』（dhi）意味著『心智』。那是一種超越身體、心靈和情感、廣闊無垠的極樂境界。無論你追逐的是性、金錢還是愛情，你真正想追求的是『人我合一』的境界。儘管一大部分的你仍然沒有察覺到這一點，但你還是會有那種渴望，因此你會一直感到不滿足，覺得自己還沒達到那終極的境界。但如果你想追求的是這樣的境界，你為什麼不採取更直截了當的方式呢？」

我靜靜地聽著，但腦袋仍然轉個不停。我心想：如果在所有的慾望和渴望背後，我們真正追求的是那種廣闊無垠的境界，那什麼樣的管道才能通往這個境界呢？看著寂然不動地坐在那兒的薩古魯，我心想他是否就是那個管道，能夠帶我們到達彼岸。這時，他突然開口了：「你腦袋裡還有這麼多問題，別人是無法揹著你走的。」他說這話時，眼睛甚至沒有看著我。不久，他又說道：「假設我們坐在這艘浮筒船上的時候，決定要前往月球。如果我們想靠著這艘船前往，結果一定到不了，不是撞到河岸就是掉進水裡，把河裡的倒影當成了真正地月亮。如果你想到月球去，就要有適當的交通工具。如果你企圖經由物質的實相達到那廣闊無垠的境界，那就像試著搭浮筒船上月球一樣。」

隨著夜色漸黑，我的內心也愈寂靜。薩古魯先前所吟唱的那首令人難忘的咒語不斷縈繞在我的腦海中。那梵唱的聲音，再加上今晚的火光、夜色、靜謐安詳的氛圍以及薩古魯和黎拉的陪伴，讓我不知不覺地進入了冥想的狀態。此時的我感覺自己充滿生命力，無比自在，彷彿自己只是單純地存在著，意識清澈純淨，沒有任何目的，時間和空間彷彿都消失了，一股難以言喻的喜悅油然而生，並且從我的體內深處逐漸向外擴散。這真是一個不可思議的經驗。

「薩古魯，你今天晚上吟唱的那段咒語很觸動人心。它是從哪兒來的？是古代的咒語嗎？」我問。

「觸動你的不只是那咒語而已。咒語只是一個媒介。事實上，它也不是古代的咒語。我是在喜馬拉雅山上聽到的，不過這說來話長。」

「你可以說給我們聽聽嗎？」我問。

於是他就開始了：「在你去年攀登過的凱達山（Kedar）上方，有一個名叫康提．薩若瓦（Kanti Sarovar）的地方。由於前往那裡的山路非常陡峭，因此人們通常不會去到那兒。好幾年前，我到了那裡，坐在一塊岩石上。那是世上第一個瑜伽課程上課的地方。根據傳說，四萬年前史上第一位瑜伽行者（也是瑜伽史上第一位上師）溼婆（Shiva）對七位在印度被尊為『七聖』（Saptha Rishis）的智者完整而深入地說明了瑜伽。

「我當時的體驗很難以言語來形容。不過，我在那裡坐了一段時間後，意識到周遭的一切都變成了聲音。我的身體、那座山、我眼前的湖泊以及其他所有事物都化為聲音，以聲音的形式出現。你知道，現代科學已經證實萬事萬物都只是一些振動而已。這你應該有聽過吧？

「根據現代的量子力學理論，世上並沒有所謂的物質存在，一切都只是能量的振動。凡是有振動的地方，必然有聲音。但人們總是會問：如果有聲音，為什麼我聽不到呢？你之所以聽不到，是因為你的聽力有它的局限，只能聽到所有頻率當中的一小段而已。

「高於你的聽力範圍的頻率，被稱為『超音波』頻率。低於你的聽力範圍的頻率被稱為『亞音速』頻率。電晶體的作用就是把你聽不到的頻率轉換成你聽得到的頻率。所以，我們已經知道世上有許多聲音是我們聽不到的，而且世間的一切都是聲音。

「我坐在那兒的時候，一切逐漸化為聲音，以一種完全不同的方式在我的內心呈現。我雖然很喜歡梵文，但因為我向來都可以透過自己的視覺去感應，而且我不想閱讀用梵文寫的古書，也不想看太多傳統的東西，因此我就沒有刻意去學。但是當我坐在那兒的時候，我卻開始用梵文大聲唱出了一首歌。我的嘴巴雖然沒有張開（這點我很確定），但是聲音卻非常響亮，就像用了麥克風一般。當下，我就是那首歌。

「那就是我今晚唱的 Nadha Brahma 這首歌。」

我們三人坐在那兒，沉浸在那溫暖、深沉、寧靜的氛圍中。不久，薩古魯微笑著對我說道：「雪柔，我們明天晚上再聊吧。天已經快亮了。」

我雖不想走，但也知道我們確實該回去了。我看了一下手錶，訝然發現時間已經將近凌晨四點了。自從我們在夜色中乘船來到這座小島，到現在也才過了四個小時，但在這四個小時當中，我卻感覺那終極的境界彷彿距我只有咫尺之遙。在那裡，世界會以我們所不知道的形式出現。當我們三人收拾東西，準備要離開時，我心想：這一切都遠比我之前所想像的更加奇特。

然而，更奇特的事情還在後頭……

CHAPTER 5

第五章
第二夜：極樂之境

「你之所以追求人、物質或權力，

都是因為你想與萬物合而為一。

你渴望那浩瀚無垠的境界。

那才是你的本質。」

——薩古魯

第二天我醒來時，仍然為了昨晚在小島上的對話而感到振奮，迫不及待地想要展開我們的下一場對談。但薩古魯果然如他所言，一直待在他的房間裡，閉門不出。由於他說白天時我們不需要招呼他，他只要有果子和水（我們在他的房間裡放了一些）就夠了，於是我和黎拉便決定去附近的「懷特塞德山」（Whiteside Mountain）走一走。

懷特塞德山屬於阿帕拉契山脈的一部分。這一系列山脈形成於九億年前，其中某些部分在史前時期曾經高達海拔兩萬英尺以上，但後來整座山脈長期受到廣泛的侵蝕，因此到了今天，它的最高峰已經遠不如從前那般雄偉。據說，懷特塞德山是地球上最古老的山峰之一，如今也是阿帕拉契山脈南部較高的山峰之一，海拔只有4930英尺。

收拾東西準備上路時，我心想薩古魯向來喜愛登山，和山脈也有深厚的淵源。如果不是因為白天時的工作對他來說非常重要，在如此美好的天氣裡，他一定會和我們一起出去走走。幸好他告訴我：在這個週末我們離開北卡羅萊納州之前，他一定會設法找一天和我們一起去爬山。

不久，我和黎拉就揹著背包，帶了一些水和點心，快快樂樂地出發了。這個早晨，陽光燦爛，湛藍的天空上綴著一根根蓬鬆潔白的雲柱，從高處懸垂而下，末端距地面很近，彷彿觸手可及。我們走著走著，很快就到了附近的登山步道的起點，進入了一條綠色隧道。隧道兩側的樹木樹齡都不大，一棵棵都奮力伸直著細長的樹幹，將它們的樹冠撐高，使它們得以吸收到陽光。樹下草木繁盛，有苔蘚、杜鵑、狀如羽毛般的蕨類植物和一叢叢優雅的石楠，綠意盎然，野生的山花也在其中燦然綻放。

再往下走，我們看到了一棵棵高大的橡樹、雲杉和鐵杉。它們那粗大枝枒椏在步道上方參差交會，形成了既高又寬的凹角。我們經過了幾座當初開闢這條步道時被砍削而成的岩壁。其中幾座還滲出了水，看起來溼漉漉的。這些泉水流進山上的幾條小溪後，便匯入了庫拉薩雅河（Cullasaja River）。我們走了一會兒之後，便抵達了峰頂。到了這裡，視野瞬間開闊起來，那霧氣瀰漫、綠樹蔥蘢的大煙山（Great Smoky Mountains）便矗立在我們眼前。這個地方有百分之四十的區域都是未經開發的國家森林。由於地勢有高有低，因此山坡上可以看到許多條從高處奔流而下、閃閃發亮的瀑布。

這樣的美景正是我當初之所以選擇在這座「高地出納員高原」（Highlands

Cashiers Plateau）興建一所木屋的原因。這座壯麗的高原是我所見過風光最美的地方之一。我心想，我一定要設法安排薩古魯來走一次這條步道。

黎拉和我在峰頂找了一個僻靜的地方坐下來聊天。聊著聊著，時間很快便過去了。我對許多人在薩古魯的進階課程中所表現出的行為感到好奇，也想對黎拉有更進一步的了解，包括她為什麼會在這裡、她遇見薩古魯之後出現了什麼改變等等。黎拉和大多數人不同。她很少談論自己的事。但那一次她告訴我：她已經在薩古魯身邊待了十六年，而且她之所以會追隨他，是因為她想擺脫她所受到的各種限制。不過，大多數時間，我們所談的都是人們在薩古魯身邊所經歷到的各種強烈體驗。黎拉說她認為一個人轉變的速度與他（她）願意敞開自己的程度有關。最後，我們決定把這個問題列入我們當天晚上要和薩古魯討論的議題中。

大約下午三、四點時，我們就回到了小屋，身體雖然有些疲倦，心情卻很愉快。入夜後，我們兩個一起下廚，一邊做飯，一邊說說笑笑，享受著溫馨的時光。我幫忙做沙拉，黎拉則負責烹煮精美的菜餚。她做了一桌豐盛的南印度料理，其中包括用馬鈴薯泥和印度的傳統香料做成的「馬薩拉香料捲餅」（masala dosa）、用黃扁豆和各式蔬菜煮成的「香料扁豆燉蔬菜」（Sambar），此外還有醃漬花椰菜、美味的辣高麗菜以及一個米布丁。

飯做好，菜餚也擺上桌之後，我們便等著薩古魯到來。大約晚上十點二十分時，他終於走下樓梯，和我們會合。他一到，我便感受到他身上所散發出來那種令人安心的寧靜氣質以及驚人的生命力。那種感覺每每令我為之震動。

吃完晚飯後，我很快就把碗盤洗好，然後便像個童軍團的團長一般，催著薩古魯和黎拉出門。我們這一帶由於地處雨林，天氣就像熱帶一般變化無常。白天時陽光還很和煦，天空也很晴朗，但一到晚上，湖面上便開始籠罩著一層霧氣，月亮和星星也被雲朵遮住了，因此我們險些迷路，最後還是靠著薩古魯的記性以及船上那微弱的前桅燈以及我帶來的一只大型手電筒才找到了那座小島。

在湖上時，儘管霧氣瀰漫，但向來不畏艱難的薩古魯還是駕駛著船隻全速前進，絲毫不受影響。眼見他把船開得這麼快，我忍不住擔心能見度太低，但看到他掌舵時那冷靜自信的模樣，又覺得很放心，心情實在有些矛盾。無論如何，我很高興我們很快就會抵達目的地，並且再度開始對談。

我們在小島的岸邊下錨後，我和黎拉就幫忙薩古魯收集木柴。之後他開始生火，我和黎拉則負責把我帶來的毯子、手電筒、墨西哥玉米片和莎莎醬從船上拿下來。等到我們搬完時，薩古魯已經生起了一堆烈焰熊熊、火星四濺的營火，並且已經盤腿坐在火堆前了。看到他坐在那兒的模樣，我心中湧起一種似曾相識的感覺。此時此刻，我們再度置身此地，坐在火光中，聽著夜鴞啼叫以及湖水緩緩拍打著船隻的聲音，感覺上好像從未離開過。看著眼前這位令人懾服的人物，我心想，他的印記應該會永遠留在這片小小的土地上吧。能夠像這樣和他一起坐在這裡，真是何其美好！

有一會兒，我們三人只是靜靜地坐著，一語不發。此時，我開始回想我們昨晚的對話以及薩古魯關於「三摩地」的說法。事實上，「三摩地」這個名詞一整天都縈繞在我的腦海中。我知道它指的是一個極樂的狀態，但它的意義並不僅止於此。我心中充滿了疑問；它到底具有哪些特性？更重要的是：我們要如何才能達到這樣的狀態？我曾聽過人們用「三摩地」一詞來描述許多不同的存在狀態。我在進階課程中所看到的那些人是否已經體驗到了「三摩地」的境界？它能使我們開悟嗎？它代表的是開悟的滋味，還是開悟這件事？那是一種暫時與神合而為一的境界？還是永久的？當耶穌說：「神的國度就在你們心裡。」時，他指的就是這種極樂的狀態嗎？

「薩古魯，你可不可以再跟我們說說有關『三摩地』的事？」我對他說道。「我心裡還有很多疑問。除了我讀到的那些東西之外，我在印度還曾經看到一座墳墓上寫著『三摩地』這個字眼。人一定要在死後才能達到『三摩地』的境界嗎？」我半開玩笑的問，因為我聽說他一直處於「三摩地」的狀態，也就是極樂的境界。

薩古魯聞言大笑。他機智過人，又很愛笑，也能欣賞巧妙的提問。「大多數人只有在死後才能體驗到平安與超脫的狀態。」他說。「你們美國人常對死者說：『願你安息。』不過那些人可能終其一生都處於焦躁不安的狀態。你有沒有聽過一位女士為她的丈夫立了一塊墓碑，上面寫著：『願你安息，直到我們再度相遇』？」他笑著說道。「不幸的是，大多數人只有在死後才能得到安息。

「『三摩地』指的是一個人超脫身心局限的一種狀態，而且你必須在生前而非死後——達到這樣的狀況。因此，對那些處於『三摩地』境界的人而言，世上根本沒有所謂『死亡』這回事。死亡屬於身體的範疇。

「你的身體只是你所積累的東西，是你透過食物所攝入的一小塊泥土。」說著他便輕輕拍了一下他的胸膛。「沒錯，這具神氣活現、到處行走的身體說穿了也只不過是一塊泥土而已。它是你是從大地那兒借來的。所有曾經活在這個星球上的人如今都已經化為塵土。你將來也是一樣。大地會把它借給你的每一個原子都討回來，只是它不收利息。」說著他便眨了一下眼睛。

「如果一個人能經常覺察到：他的身體和心靈都是他所積累的東西，他就進入了『三摩地』的境界。你雖然擁有身體，但你並不等同你的身體。你雖然擁有心智，但你也不等同你的心智。這意味著你可以完全脫離痛苦，因為你所有的痛苦都是透過你的身體或心智而來。一旦你的覺知夠清明，足以在你所積累的事物和真正地你之間創造出一個空間，你就不再受苦了。

「你之所以會陷入無明，是因為你認同你的『身體』和『心靈』。你被你所認同的這些東西以及你的個性蒙蔽了，所以看不清真相。人們正是因為有了這類狹隘的認同，才會開始區分你、我。這是所有紛爭、衝突和苦難的根源。所謂『三摩地』就是你不再有分別心，開始看到圍牆以外的世界。

「『三摩地』有助於你達到開悟的境界，但它的本質並非開悟。你如果一直處於這樣的狀態，就可以明確地區分『我』和『非我』的差別，讓你能夠更快地到達那廣闊無垠的境界。不過，一個人即使體驗過這樣的狀態而且樂在其中，也並不一定能認識存在的本質或放下世俗的羈絆，得到解脫。」

「我在『艾薩瑜伽』的課堂上曾經看到有人連續好幾個小時都坐在那裡，一副欣喜若狂的樣子，臉上還不停地淌著淚水。我很好奇，這些人是處於『三摩地』的狀態嗎？」我問薩古魯。

「是的，你在進階課程中所看到的那些現象就是各種不同程度的『三摩地』。『三摩地』是一種如如不動的狀態。這時，你的心智不像平常那樣做著種種區分。一旦心智暫時停止運作，『你』和『非你』之間的界限就消失了。

「一個上師的本質、作用和能量就是要拆解、消融你的身心所受到的局限。在我的面前，你必然會感覺你在身體和心理上的需求一點都不重要，因為我的能量能夠讓你遠離這些需求，或者應該說是：拉開你和你的身體與心靈之間的距離。我所做的每一件事、所說的每一句話都是為了要達到這個目的。只要你允許我的能量滲入你的內在，你就會處於『三摩地』的狀態。至於你能進入得多深，就要看你願意讓自己進入得多深。我所說的一切都只是為了要哄你，讓你允許我進入你和你的身體與心靈之間。

「我所到之處，有許多人都會進入狂喜的狀態，即使在他們的眼睛閉著，甚至不知道我已經到了的情況下也是如此。」

我確實親眼目睹過這樣的狀況。我有許多朋友甚至因此進入了暈陶陶的狀態，變得像小小孩一樣，要被人牽著才能行走。有些人甚至像喝醉酒一般，必須有人攙扶。但他們看起來都是一副很陶醉的模樣，使我忍不住渴望自己也能體驗一下這種感受。當時，我既不了解也不願意接受一個事實：我之所以不曾有過這種現象，並非因為我的身心狀態平衡穩定，而是因為我沒有安全感，害怕失控。我無法像薩古魯和「艾薩瑜伽」裡的那些人一樣，縱情地唱歌、跳舞、享受每一個當下。薩古魯曾經明白地告訴我：我以為的「克制」，其實是一種自我壓抑。

「話說回來，就算一個人能夠體驗並享受這樣的狀態，也不代表他已經了解存在的本質或者能夠得到解脫。你就算已經打坐了十二年，也不見得能夠開悟，頂多只是稍微比較接近開悟的境界而已。不過，如果你能進入另外一個實相，並且在其中待上幾個小時甚至幾年，你就能掙脫現實世界對你的影響，並且體會到一件事：你當下所置身的現實世界並不是全部的實相。這便是長時間打坐的作用。

「這樣的境界並非瑜伽行者所獨享。事實上，各教派的神祕主義者和聖徒都曾經體驗並談及這樣的境界。一個名叫『聖十字若望』（Saint John of the Cross）的基督教聖徒曾經表示：人們必須超越自身所受到的各種局限。他說，一個人如果希望自己的靈魂能夠完全放空，就必須從有形的世界進入無形的境界。」

事後，我找出了聖十字若望所說的那段話。他是這麼說的：「若要與神合一，心中就不要存有任何念頭，甚至不要觀想神聖的基督被釘在十字架上的情景，也不要想像上帝光燦莊嚴的容顏以及天國的光明與美好。」

薩古魯說道：「我們已經在『艾薩瑜伽』創造出了非常神聖的空間。人們置身在裡面，自然而然就能夠體驗到『三摩地』的境界。這樣的境界會讓人感覺很愉快、喜悅，甚至欣喜若狂。但還有更高的境界。

「一旦你不再受限於你以為是你自己的那些事物，你就會嘗到造物者創造的喜悅。這時，你才能夠體驗到非物質的次元，而後才能真正地愛人並悲憫眾生。

「一個擔心自己可能會受苦的人絕不可能生出真正地愛與慈悲。唯有你不再擔心自己時，才能夠真正地去愛別人。」

「可是，薩古魯，愛不就是付出和接受嗎？」我問。

他輕輕地搖搖頭：「愛既不是付出，也不是接受。愛是你想把另外一個人納入你自己，讓他（她）成為你的一個部分的那種渴望。付出和接受都是你為了滿足自己內在需求所做的一些安排。需要有很多種，包括肉體的需要、心靈的需要、情感的需要、社交的需要以及財務上的需要。你為了生存，必須滿足這些需要，但這並不是愛。

「我有沒有跟你講過一個美女在公園裡發生的故事？」他微笑著問我。這就是薩古魯。生性調皮、愛開玩笑的他總是喜歡說一些聽起來很好笑但往往一針見血的故事，讓人明白他想要闡述的道理。我告訴他我沒聽過，於是他就開始說道：「有一天下午，山卡蘭·皮萊（Shankaran Pillai）來到了一座公園，看到一位美女坐在一張長椅上，於是他便過去坐在她旁邊。過了幾分鐘之後，他向她靠近了一些，但她卻挪開了一些。之後他又再度靠近，但仍然被她推開了。於是，他便跪在地上向她說道：『我愛你。我這輩子從未這樣愛過任何一個人。』

「你知道，女人有時候會被愛沖昏頭。於是他們兩人之間就發生了一些事情。然而，到了晚上七點四十五分時，他告訴她說：『我得回家了！』她說：『什麼？你要離開我？可是你剛才說你愛我呀！』對此，山卡蘭·皮萊答道：『是啊，我愛你，但我太太正在家裡等我呢！」

薩古魯說著便笑了起來（雖然我並不認為這個笑話有那麼好笑），接著便切入重點：「『我愛你』這句話已經成為某種咒語，就像『芝麻開門』一樣。你只要說出這幾個字就可以得到你想要的東西。但事實上，這句『我愛你』真正地意思是：『我有一些需求想要得到滿足。』

「當然，每個人都有一些需求想得到滿足。這件事情本身並沒有什麼對錯。你如果看清了這一點，就有可能慢慢習慣這樣的愛。最重要的是你要對自己誠實，不要自我欺騙。事實上，只有在你重視對方的幸福勝過一切時，你才能體會到真愛的滋味。否則，你所謂的『愛』只是一種彼此互利的行為罷了。在這種情況下，如果你的需求沒有得到滿足，你所謂的『愛』就消失了。

「當你墜入情網，並且在愛中失去了自己的獨特性，你那狹隘的自我就會逐融解。這有可能會成為你通往另一個世界的入口。

「你先前曾經問我世上有沒有神聖的愛。事實上，愛永遠是神聖的。當你被愛所觸動，你的人雖然還在這個世界，卻已經不屬於這裡了。

「不過如果你問的是：上帝是否愛你。我的答案是：有許多人宣稱上帝愛他們。但事實上，他們已經讓自己成為只有上帝會愛的人。有很多人都是這樣。他們那個樣子，只有上帝能愛他們。但你應該讓自己成為那種讓別人不得不愛的人。這很重要。如果你活在這世上，卻讓自己處於一種只有上帝能愛你的狀態，那未免太可悲了。不是嗎？」他說著又笑了起來。

「耶穌要大家『愛你的鄰舍』，這個意思並不是要你愛上隔壁的先生或小姐。所謂『鄰舍』指的是當下在你身邊的人，無論他們是什麼樣的人或從事什麼樣的工作。如果你能這樣去愛別人，那就表示愛是你的本質，和你愛的對象無關。這種愛就像花朵吐露芬芳一般是自然而然、無條件地散發出來的。既然每個人內在都有神性，你怎能愛這個人卻痛恨那個人呢？」

「那麼，愛是我們與萬物合一的方式嗎？」我問。

「有許多方法可以讓你達到與萬物合一的境界。愛是其中一種。我們可以透過強烈的愛達到這個境界，也可以透過敏銳的覺察來達到。事實上，我們的呼吸就是一個與萬物合一的動作。因此，有許多方式都可以讓一個人達到這個境界。我們也可以透過你目前在做的那些瑜伽練習來達到這個境界。一般來說，我們所講的都是如何透過愛來達到這個境界，因為這種方式讓人感覺很愉快。但同時，你也必須了解在愛的過程中，你可能會陷入太多的糾葛，以致你根本無法前進。

「有些人宣稱愛就是上帝，而且他們可能覺得這樣就夠了，不想再往前走，只想停留在這種小小的愉悅狀態。但我希望你了解一點：雖然性、愛或事業上的成就會讓你感受到一些幸福，但你真正追求的並不是這些東西。愛只是你用來換取幸福的一種貨幣。」

他歪著頭，眼神炯炯地看著我，彷彿正等著我提出下一個問題（他知道我一定會繼續問下去）。我看著柴堆上搖曳的火焰，過了一會兒之後才再度開口。

「那麼，你的意思是說愛並不等同於幸福嗎？」我問。

「雪柔，你要知道：你之所以想要愛某個人，是因為那會讓你有一種幸福感。但你不可能一直都很幸福。有時候你會感覺自己很幸福，但有時候你還是會感到焦慮，覺得自己很可憐。有的時候你也會感到挫折。所以愛並不等同於幸福。愛可能會讓你擁有某些幸福的時刻，性和事業上的成就也是如此。這些都只是讓你能夠暫時感到幸福的手段。但一旦你感受到真正地幸福，就會覺得你曾經有過的那些高峰經驗——例如性、毒品之類的東西——相較之下簡直是小孩的玩意兒。我希望你像我一樣，能夠一直處於內心充滿喜樂、飄飄然的狀態。」

我記得我曾經在書上讀到十九世紀印度神祕家暨瑜伽行者拉瑪克里斯納（Ramakrishna Paramahamsa）所說的一段話：「喔，你們這些男生一天到晚都追逐女色和金錢。但我可是身上的每一個毛孔都洋溢著快感呢。」我猜想薩古魯剛才說的應該就是這個意思。

「如果你已經很幸福，你還會去追求性或愛嗎？答案是：只要是必要而且適當的事，你都可以去。所以，這並不代表你不能去追求性、愛或事業上的成就。事實上，這些東西你都能夠去追求，只是你之所以追求這些東西，是因為你不知道如何得到幸福。你的出發點是要追求幸福，只是你選擇了一條迂迴曲折的道路罷了。

「你們所說的性、愛、事業上的成就或貪慾只是你們渴望生命的一種表現。你們只是渴望想要更進一步體驗生命罷了。你這一生中所做的一切都是出自於這個動機。那是生命渴望涵容萬物並認識自己完整面貌的一種表現。

「你或許沒有覺察到：你一直相信當你擁有更多東西的時候，就會安定下來。但是當你真的擁有了更多東西的時候，你又會想要更多。你所渴望的並不是任何人、任何物質或權力，而是浩瀚無垠的生命。

「你有沒有發現你的內心其實並不喜歡受到界限的束縛？雖然你基於自我保護

的本能，不斷地設立各種界限，但其實你並不真正喜歡這些界限。你的內在有一種渴望，想要打破這些界限，以便更進一步體驗生命。你覺得要體驗到什麼程度，你的身心才能得到安頓？」他問。

「事實上，一直以來，無論我的生活有多麼美好，我都沒有那種安定的感覺。」我答道。

「就算我讓你成為全世界的女王——別擔心，我不會犯這種錯誤的——你一定還是會對著天上的星星祈求更多的東西吧！不是嗎？」

我用眼角餘光瞄了一眼黎拉，看得出她正在想像我當女王的滑稽模樣，便朝著她咧嘴一笑。但薩古魯似乎沒有看到，仍舊繼續往下說。

「請你想一想，你所追尋的真的是金錢嗎？還是生命的擴展？你或許正在追求金錢、享樂、房產、愛情，追求這個、追求那個的，但追根究柢，你所追求的還是生命的擴展。不管你有了多少成就，你的慾望終究還是無法得到滿足。它還是會繼續要求這個、要求那個。

「如果你認清慾望只不過是生命尋求擴張的一種表現，你想要擴張到什麼程度呢？要到什麼程度才夠？你想要的是掙脫束縛，不受任何限制。事實上，慾望是一種靈性上的追尋，只是它以一種無意識的方式表現出來。

「你的天性是不願意受到限制的，當這樣的天性被困在有限的身軀裡時，慾望就誕生了。你只有在心裡有了慾望之後，才會展開靈性上的追尋，因為你想要掙脫你所受到的限制。如果你沒有認清慾望的本質，就會過著追求物質的生活。如果你認清了慾望的本質，就會開始追求靈性。兩者的本質是一樣的。只是在前面那種狀況下，你的眼睛是閉著的，在後面那種情況下，你的眼睛是睜開的。無論如何，人生這條路是一定要走下去的。那麼，你要閉著眼睛走還是睜開眼睛走呢？這是你唯一能做的選擇。就算你睜開眼睛走，還是會碰到許多陷阱，但如果你閉著眼睛走，你就註定不可能抵達你想去的地方。

「你所追尋的是無限制的擴張。但在這個過程中，要保持清醒。你如果盲目地追尋，就會做出許多愚蠢的事情，最後才發現它們對你來說根本沒有任何意義。這樣會浪費你的生命。

「當你有意識地追尋生命的擴張時，還是可以照常做自己想做的事。無論你做什麼樣的工作、穿什麼樣的衣服、吃什麼樣的東西，都和你的靈性無關。最重要的是：你是否能夠有自覺地走在生命的道路上。你做了什麼並不重要，重要的是你在做一件事情時你的意識處於什麼樣的高度。

「雪柔，我希望你能夠睜開眼睛走在你人生的道路上。這是我對你的祝福。」

我心想，這也是我對自己的期許呢！我很慶幸薩古魯出現在我的生命中。我認識他雖然只有短短的一段時間，但在他的指點下，我已經有了改變，其幅度之大連我自己都感到難以置信。

想到這裡，我突然聽到一陣微風吹過樹梢的聲音。仰頭一看，雲層已經變厚了，看起來似乎隨時可能會下雨。

但薩古魯仍繼續往下說：「我所說的『內在工程』就是要召喚出你內在原有的喜悅，讓它能夠表現出來。你之所以無法表現出這樣的喜悅，是因為你的身體、心智體和能量體並不協調。如果這三者能夠協調一致，你內在的喜悅自然而然就會流露出來。一旦這樣的喜悅瀰漫在你的每一個細胞中，你就不會再嚮往性、愛情或事業上的成就了。當然，你還是能夠追求這些東西，但你已經超越了它們。你還是這個世界的一部分，但你已經被神性所觸及了。這會讓你活在充滿喜樂與活力的狀態中。你透過金錢、權力、性、愛與上帝所追求的正是這樣的狀態，而這種狀態就是一種極致的生命體驗。」

他說完後便陷入了沉默。我心想：世間的芸芸眾生——包括我在內——都不斷地在追尋著什麼，費盡心思地想要有所成就，雖然屢屢失敗，卻又再三嘗試。但現在我明白了！原來這些追尋都只是我們想要體驗生命高峰的一種表現，只是我們並不自覺罷了。突然間，我感覺自己過往的種種妄念就像眼前火堆中正在燃燒的木柴一般，逐漸化成了灰燼。我開始意識到自己所了解的東西何其有限。事實上，在薩古魯身邊待得愈久，我就越發意識到自己對人生中真正重要的事物實在了解得太少。我終於知道：大多數人之所以緊抓著自己的想法、意見、觀念和感情不放，是因為他們不明白有關愛與生命的真相。過去，我一直認為自己很努力地追求真理，但事實上，我連生命最基本的事實也不了解。為了讓自己好過一些，我一直對生命中那些極其重要但我卻從未體驗、也不了解的事情懷抱著許多錯誤的、僵化的想法。

想到自己的錯誤認知，再想到薩古魯對生死的深刻洞見，我忍不住想問他當初是如何能夠看清真相的，也想知道他如何會成為現在這副模樣。於是，過了一會兒之後，我便請他說一說他今生的經歷以及開悟的過程。其中有些部分，我雖然之前曾經在書上讀到過，但還是很想聽聽他自己怎麼說。

於是，他便開始說起他的過往，而且描述得生動鮮活，彷彿是昨天才剛發生的事。不過，我對此一點也不意外，因為他的記性向來好得驚人，能夠輕易記住成千上萬人的名字和他們的生活細節。

「我這一生從來沒有真正當過小孩。」他說。「每當我回想過去時，周遭所發生的事情都歷歷在目，甚至連嬰兒時期的情景我都記得很清楚，包括誰在房間裡、房裡的擺設、大人說了什麼話、他們穿著什麼樣的衣服等等。我的母親聽到我一五一十地描述我三到六個月大時所看到的事件、所聽到的對話時，總是目瞪口呆。事實上，我小時候的思考方式就已經和現在差不多了。」

薩古魯表示，他出生時父母為他取的名字是「賈嘎迪許」（Jagadish），但小時候人家都叫他「賈吉」（Jaggi），直到多年後他才改成現在的名字。他說他兒時沉默寡言，但是個快樂的小孩，而且非常獨立，不喜歡被人照顧。當他的哥哥還要人家抱的時候，他就已經可以自己走路了。此外，他不僅模樣比實際年齡大很多，心思也遠比同年齡的人成熟，因此他的朋友和家人遇到問題時經常都跑來向他請教。

就連他的母親也不時會向他吐露心事。不過，等她意識到自己在做什麼時，就會說：「咦，我幹嘛跟你說這些呢？你只是個小男孩呀！」

她是個慈愛的母親，也很有觀察力。儘管如此，她還是經常會被他說出來的話和做出來的事嚇一跳。薩古魯說他記得很清楚，大約在他十一歲那年，他媽媽有一次不知怎地竟然向他說了一些充滿愛意的話。這在那個年代的印度家庭中是很少見的，因為當時大多數印度媽媽都全心全意地照顧子女，對孩子的愛顯而易見，因此她們很少會訴諸言語。

面對母親這樣的表達，薩古魯的回應是：「如果我是隔壁人家的小孩，你還會這樣愛我嗎？」他覺得這是一個既簡單又合理的問題，而且他也沒有惡意，沒想到她聽到以後卻面露驚訝的神色，眼裡湧出了淚水，一副很傷心的樣子，然後就走掉了。

半個小時之後，她回來了，眼裡仍含著淚水。接著，她默默地摸了一下他的雙腳，然後就再度離開了。賈吉意識到他已經傷到了她的心，但他也明白她正試著接受他那個問題背後所隱藏的真相。他很清楚，如果他是隔壁人家的小孩，她絕對不會這麼愛他。他知道這個事實讓她內心很掙扎，也讓她開始思考她對孩子、丈夫、父母和其他所有事物的愛。

薩古魯表示，家中唯一沒有被他嚇到的人就是他的奶奶。她有時會在他面前「狂喜地跳著舞」。家裡有許多人都認為她是個怪人或瘋子，但他並不這麼想。他深愛著這位奶奶，並且總是不由自主地想和她親近。她經常又唱又跳又叫的，還會用腳把花踢給神明。這在印度絕對是一種褻瀆神明的舉動，但她做的時候卻充滿歡喜與愛意。當他問她她這樣做是什麼意思時，她總是說：「以後你就知道了！」後來，她一直活到一百一十三歲才去世。

年幼的賈吉心中總是充滿各種疑問，因此很難安安靜靜地坐在教室裡聽課。更何況，他知道老師們只是在照本宣科，所講的東西都脫離了現實生活。因此，他只要一有機會就蹺課，跑到校外去遠足或旅行。儘管如此，學校裡的考試也難不倒他，因為他讀書的速度很快，理解力也很強，所以學校要考的東西他一下子就學會了。

賈吉出生、成長於美麗的邁索爾鎮（Mysore）。他的家人曾經在這座小鎮上住過很長一段時間。他從大約十歲開始，就經常跑到鎮上的查蒙迪山（Chamundi Hill）玩耍。那裡是他和朋友們騎摩托車、開派對的地方（後來，他甚至在此舉行商務會議）。但偶爾他也會獨自前往。每當此時，他就會跑到那些林蔭濃密的地方，一待就是好幾天，並以他帶去的食物（包括幾條麵包和他偷偷煮好的一些蛋）果腹。

這類遠行並未經過他的父母同意，因為他知道如果說了，他們是絕對不會答應的。但他離家前總會留下一張紙條，告訴他們他什麼時候會回家，而且每次都信守承諾，如期返回。他進入森林後，會在林中漫步，有時也會坐在樹梢，隨著風兒搖擺。每次他在樹上坐了一段時間之後，就會進入一種狂喜的狀態，但當時他並不知道那就是冥想。直到多年之後，他才明白那是怎麼回事。從此以後，他就開始教導人們以搖擺身體的方式來冥想。

他從森林回到家時，往往會帶著一袋蛇。那是他在森林裡抓到的。他對蛇很著迷，不僅喜歡抓蛇，也很會抓（他長大後才發現這是源自千百年前的習性）。

在他人眼中，賈吉是個與眾不同的男孩。他渾身活力，但沉默寡言。平常很少說話，但只要他一開口，人們就會坐直身子，注意聆聽。除此之外，他也很野。他每次失蹤，他的父母就會暴跳如雷。他回到家後，他們就會再三地加以斥責。當然，他帶回來的那袋蛇也讓他們感到很困擾。唯一讓他們比較欣慰的是他總是會如期返家。

每次遠行，賈吉都需要花五到十個盧比的錢，用來購買他所需要的麵包和蛋。

後來，賈吉的父母親便極力設法讓他拿不到錢，但他每次都有辦法可以取得。到最後，他父親幾乎已經無計可施了，不知道該拿他這個奇怪的兒子怎麼辦。那段期間，他經常用雙手捧著頭哀嘆：「這孩子以後到底會變成什麼樣子呀？他根本天不怕地不怕！我們能拿他怎麼辦呢？」

長大後，賈吉對於正規教育仍然沒有興趣。薩古魯表示：「當時我靠著自修的方式完成了大學先修班的課程，也通過了相關的考試，但後來我卻宣布我決定不要上大學了。要知道，我父親是一位名醫。他很希望我能繼承他的衣缽。於是，後來家人便開始努力勸說我，希望我能改變主意，但我不為所動。我告訴他們：『我可以自學。』

「儘管家人都極力反對，我還是沒有去註冊。相反地，那一年，我大半時間都在圖書館裡度過。早上圖書館還沒開門時，我就已經去報到了，而且在那裡一待就是一整天，直到圖書館打烊為止。我讀得非常專注，有一整年的時間，甚至都沒有出去吃午餐。在那一年當中，我所學到的東西比大學教的還多。從物理學到哲學、從地理到歷史、從文學到《大眾機械》（Popular Mechanics）雜誌，我無所不讀。也就是在那一年當中，我愛上了英國文學，對它產生了濃厚的興趣。

「由於大家對我不上大學這件事都很不諒解，因此到了下一個學年度開始時，我便聽從我母親的話開始去學校上課。這時，我的父母再度試圖說服我主修醫科，否則至少也要唸個工程學的學位，但我不肯。我下定決心，如果回大學唸書，我一定要讀英國文學。爸媽問我：拿了這樣一個學位，將來要做什麼呢？難道要整天吟詩作對嗎？但我一點也不在意，因為我從來不曾打算利用我所受的教育來賺錢。」

可想而知，上了大學之後，賈吉也沒有乖乖坐在教室裡聽課。當他發現老師們在課堂上只是照著事先準備好的講義唸出來時，他便建議他們把那些講義拿給學生影印。這樣一來，學生們既不需要浪費寶貴的時間和精力到學校上課，教授們也不需要浪費時間和精力在課堂上把講義唸出來。教授們聽到這個建議當然不太高興，但因為他的成績很好，於是他們便允許他在剩下那幾年的時間以這種非正規的方式完成學業。從此他就不需要再到課堂上報到了。

「於是，後來我就一直待在學校的庭園裡唸書。之後就有人開始來找我，和我談論他們所遇到的問題。我這才發現居然每一個人都有這麼多煩惱。但那樣的情況不是我刻意造成的，而是自然而然就發生了。」事實上，薩古魯在校園中經常被一大群人所包圍。儘管他本身從來沒有什麼煩惱，他還是對那些人的遭遇感同身受。

快要畢業時，賈吉一口氣就寫了十五篇報告，而且每一篇都得到了很高的分數。他的父親對他這般優秀的表現感到非常振奮，希望他能夠再攻讀一個碩士學位，但被他拒絕了。他說他已經唸得夠多了，更何況他已經把碩士學程的書都讀完了。至此，他的父母終於放棄了，不再試圖干涉他的學業。後來，賈吉便利用原本應該拿來讀碩士的那兩年時間努力賺錢，以便能夠去旅行。

他說：「我向來喜歡漫無目的地探索和旅行。沒有什麼能夠阻擋我的腳步。當時我已經騎著摩托車走遍印度各地，而且還打算騎車環遊世界。」

二十五歲那年，賈吉的命運在他所鍾愛的那座查蒙迪山上出現了轉捩點。

有一天下午，他在下午三點鐘左右便上了山。停好摩托車後，他看到那裡有一塊大岩石，石頭隙縫中還長著一棵矮小的樹，樹上結著紫色的漿果。於是他便走了過去，在那塊岩石上坐了下來。他坐在那兒時，眼睛一直是睜開的，但突然間，發生了一件很奇怪的事情：他開始無法辨別自己和周遭一切的差異。究竟哪一部分才是他、哪一個部分不是他呢？他指著自己說道：「之前我一直認為這就是我。但是不知怎地，當時我所呼吸的空氣、我坐著的岩石和周遭的一切通通變成了我的一部分。

「我愈說，聽起來就愈瘋狂，因為那種感覺實在無法以言語來形容。我只覺得自己變得無比巨大，到了無所不在的程度。

「我以為這種現象持續了幾分鐘而已，但當我恢復正常時，時間已經是晚上七點半左右了。我的眼睛是睜開的。我看到夕陽已經西下，天色已經變暗。我的意識很清醒，但之前我心目中的那個我已經消失了。

「我坐在那塊岩石上，淚水不停地流著，把我的襯衫都弄溼了。我雖然不知道自己究竟發生了什麼事，但心中卻欣喜若狂。從理性的角度來看，這件事唯一的解釋是：我已經失去了平衡，而且當時我也只能這麼想，因為我之前從未有過靈性的體驗，也沒有任何宗教信仰。在成長的過程中，我所接觸的都是歐洲的哲學思潮，例如杜思妥也夫斯基、卡繆和卡夫卡等等。

「這也難怪，因為我成長於六〇年代。那是「披頭四」（The Beatles）和藍色牛仔褲風行的年代。我所熟悉的都是這類東西。沒想到這回我卻冷不防碰到了像這樣讓我完全無法理解的現象。我不知道這究竟是怎麼一回事，但那是一種很美妙的體驗，因此我不希望它就這樣消失了。」

薩古魯表示，大約六天後，他和家人一起坐在餐桌旁時，再次有了類似的體驗。當時，他以為這種狀態只持續了一、兩分鐘，後來才知道他足足在那裡坐了七個小時。這段期間，他的神智一直非常清楚，也可以感受到周遭的一切，但他從前所熟悉的那個自我卻消失了。

後來，這種情況發生得愈來愈頻繁。每當他處於這種狀態中時，都會一連許多天不吃不睡，最久的一次甚至達到了十三天。他不明白這是怎麼一回事，也不知道該如何稱呼這種現象。

後來，人們開始說：「哦，他進入了『三摩地』。」並且開始把花環掛在他的脖子上，並用手觸摸他的雙腳。有些人甚至還會向他請教一些事情，例如：他們將來的命運會如何、他們的女兒什麼時候可以嫁出去等等。對他來說，這一切都很不可思議。

不僅如此，他在各方面都有了改變。他不僅對生命有了很不一樣的看法和體驗，連他的身體特徵（包括眼睛的形狀、說話的音色和身體的構造等等）都出現了變化。而且這些改變非常明顯，因此他周遭的人都看得出來他正在經歷某種重大的轉化。過了大約八個星期之後，他再也不曾脫離「三摩地」的狀態。從此，在他眼中，萬事萬物都是他的一部分。

自從進入這般狂喜的境界後，他看到許多人依舊受到各種限制，過著痛苦的生活，無法開悟時，每每會流下不捨的眼淚。逐漸地，他開始下定決心要克服所有的障礙，跨出自己的舒適圈，讓更多的人得以像他這樣，進入與萬物合一的狂喜境界。他懷著這樣的決心和悲憫的情懷不停地努力，終於創造出了許多極其有效的方法，藉以帶領人們進入更高的意識狀態。他並且用一個嶄新的名詞來稱呼這些方法，那便是「內在工程」（Inner Engineering）。

薩古魯表示，他剛剛進入那人我合一的狀態時，看到他人仍在受苦，悲憫之心總是油然而生，而且會不由自主地表現出來，很難加以隱藏，直到他逐漸習慣了這樣的狀態後，才比較能夠節制。

在此之前，賈吉已經創立了幾家非常成功的企業，但當他進入了三摩地的狀態時，他開始能夠洞見別人的心思。他不想利用這個優勢去佔別人的便宜，於是便放棄了他辛辛苦苦、白手起家創立而成的所有企業，開始四處旅行。但不久後，他開始想起很久很久以前發生在他前世的事情。

「當時，我還是一個懷疑論者，不願意相信任何有關前世的事情。」他說。「事實上，我連寺廟也不肯踏進去。因此，我怎麼可能去相信那些我既看不到又無法理解的事情呢？於是，我開始前往我記憶中的那些地方，拜會相關人士，並追查相關的資料，以確認那些事件的真實性。事實上，那些回憶非常清晰，但我的頭腦就是不肯相信，所以才覺得有必要去查證。

「從那個時候開始，建造一個充滿無限可能性的能量體，藉以表現我前幾世的上師對世人的悲憫，便成了我生命中唯一的使命。這項工作在經歷了錯綜複雜的內在過程以及不可思議的外在變化之後終於完成了。那些曾經目睹它的建造過程的人都知道事情的大致經過，但對其他人而言，這就像天方夜譚一般，令人難以置信。如果我是從別人那兒聽說這件事的，我也不會相信。關於這個能量體，我所能說的就是這些了。」

說到這裡，薩古魯便陷入了沉默。這時我感覺四周的空間彷彿蘊含了一種我無法理解的強大力量，一種令人難以抗拒的力量。薩古魯所說的這個能量體名為「迪阿納靈伽」（Dhyanalinga），是一個大型的圓柱體，被供奉在一座高七十六呎，由紅磚、灰泥漿等傳統建材所鑄造而成的圓頂聖殿內。我在印度時，曾經在那座聖殿裡冥想，並且在那個過程中感受到一種無比寧靜安詳的感覺。那是一座很神祕的建築。我希望自己對它能有更進一步的認識。

我靜靜地思索了一會兒之後，再次提出我心中最大的疑問。「可是，薩古魯，這些事情為什麼會發生在你身上呢？在這麼多人當中，為什麼獨獨只有你開悟？你為什麼又會把建造迪阿納靈伽當作你這一生的職志呢？」

他對我點了點頭，神情中帶著幾分戲謔的意味：「如果你真的想知道這個問題的答案——」他說到這裡便看了一下手錶，又看了看那座即將熄滅的火堆。「我們可得從好幾世之前講起呢……」

就在這時，天上開始下起了滂沱大雨。豆大的雨點密密地落在火堆中，使得柴火劈里啪啦、嘶嘶作響，有如烤過頭的棉花軟糖。我和黎拉見狀便趕緊起身跑到我們的浮筒船那兒，但薩古魯也帶著一臉的燦笑跟了過來。當我把手伸到那個仍然插在點火器裡的鑰匙圈上，準備要發動船隻時，他輕輕地按住了我的手。

「你看看湖上。」他說。此時此刻，除了雨水之外，霧氣也很濃重，能見度甚至不到一呎。又濃又密的雨點形成了一堵無法穿透的雨幕。「這樣你要怎麼開船呢？與其費那麼大力氣開回碼頭，回你家睡覺，我們不如睡在船上吧。」

我張開嘴想要抗議，但他笑著對我說：「等到明天太陽出來的時候，我們就可以很快回到家了。今天晚上你就先別操心這個了。更何況，你已經帶了幾條毯子，船上也有篷頂，因此我們還不至於淋雨受凍。這樣就夠了。你放心吧，明天太陽一出來，我們就回去。」

我不知是否提過：我是那種很不容易放棄的人。我心想：我很熟悉這座湖，一定可以找到回家的路，因此我無論如何總得試一試。然而，我開著船在那伸手不見五指的霧氣中繞了三、四十分鐘後，終於決定放棄了。薩古魯說得對，我們根本回不了家。與其花一整個晚上的時間尋找回家的路，讓大家都睡不了覺，還不如一起在船上過夜。這樣我們至少還可以睡一會兒。

於是，我便關掉了引擎，和黎拉一起蜷縮在一條毯子底下，就像我家那兩隻小臘腸狗一樣。薩古魯則仰躺在船艙裡，很快就睡著了。

如此這般，我和薩古魯共度的第二個夜晚就在滂沱的大雨中結束了。睡著之前，我心裡一直在想：我究竟為什麼連薩古魯所說的那些很簡單的道理都要抗拒呢？

天剛亮，黎拉就把我叫醒了。她告訴我船已經撞上了湖岸，要我去看看是否有什麼問題。我檢查了一下，發現船身並沒有任何毀損。儘管我們兩人只睡了兩、三個小時，還是趕緊起身，看看霧氣是否已經散去。然而，放眼望去，湖上仍是濃霧瀰漫，顯然我們暫時還回不了家。

此時，薩古魯仍然安詳地仰躺在那兒，姿勢完全沒有改變，甚至不曾移動分毫。我看著他，對黎拉說道：「我們沒有把他照顧得很好。」她點點頭，說道：「我知道。你可不要告訴任何人唷！」

CHAPTER 6

第六章
第三夜：「修習瑜伽的時候到了」

「我們不需要更多的印度教、基督教和回教；
我們需要更多的佛陀、耶穌和克里希納，
需要更多真正地、活生生的導師。唯有如此，
真正地改變才會發生。事實上，
每個人都有可能成為佛陀、耶穌或克里希納。」

——薩古魯

我和黎拉凝視著仍然籠罩在湖面上的那一層濃霧。經過這番折騰，我們兩人都有些許疲憊，但薩古魯睡醒後卻仍是一如往常那般精神飽滿、活力充沛。

時間是六點十五分。旭日已經開始東升，但霧氣仍然濃重，能見度頂多只有一呎。我們雖然置身於杳無人煙的湖面上，籠罩在濃濃的白霧中，但那種感覺一點也不可怕，反而有一種令人著魔的魅力。既然暫時還回不了家，我們便延續昨晚的話題，繼續聊下去。感覺上，昨晚的那場暴風雨似乎從不曾發生過。

我知道眼前的霧氣隨時都有可能消散，於是便決定把握機會再度提出我昨晚曾經問過薩古魯的問題：他究竟如何成為今天的他？又如何讓自己得到解脫？瑜伽在這方面究竟扮演了什麼樣的角色？

薩古魯答道：「在很久很久以前，甚至在我還不是今天的我時，瑜伽就已經進入了我的生命。」他彷彿早已料到我會繼續追問下去。

我多多少少了解他這些話的意思，因為我對他前世的一些故事早有耳聞，更何況他曾經告訴我：他今生之所以會開悟，只是因為他「想起」了前世，而且事實上，他在前兩世就已經開悟了。儘管如此，我還是希望能聽他細說從頭：他在其他那幾世是什麼樣子？這和他今生成為上師是否有任何關聯？在我不斷地追問下，他終於開始說起他那奇特的過往。

我和黎拉聆聽著，再度隨著他進入了他那個神祕、迷人的世界。此時此刻，我感覺自己彷彿置身於古代的某個地方，而我們四周那氤氳繚繞的白霧也為他的故事提供了完美的背景。

薩古魯表示，兩世之前，他一心求道，十七歲時就離家，成為所謂的流浪「苦行僧」（sadhu），徒步走遍南印各地，修習溼婆派的瑜伽，後來便成為一位瑜伽行者，且有「溼婆瑜伽行者」（據信溼婆是史上第一位瑜伽上師）之稱。

為了得到解脫，他終生努力修行，不屈不撓，希望能夠開悟。在這個過程中，他雖然備嘗辛苦，甚至經常三餐不繼，卻始終奉守極其嚴苛的靈修紀律。由於他的堅持與專注，他最後終於成了一位頗有成就的瑜伽行者。

聽到這裡，我請薩古魯回溯到更早之前，讓我們了解他在溼婆瑜伽行者那一世為何會想到要修習瑜伽。於是他便將時光往前推移將近四百年，從在他十七世紀初期的那一世開始說起。當時他住在印度中部，名叫畢爾瓦（Bilva），是一位充滿活力的少年。

這時，我再度打斷了他的話，問他為什麼生生世世都是印度人。他語帶神祕地表示，事實並非如此，他只有最後三世是印度人，而且十二世之前還曾經住在非洲，但就靈性的角度而言，只有這最後三世才具有意義。這讓我忍不住開始思忖他到目前為止究竟總共活了幾世。

薩古魯表示，畢爾瓦有虔誠的信仰，個性桀驁不馴，處事非常認真，且具有某種透視能力，能夠看穿他人的心思。由於他對蛇有濃厚的興趣，因此後來就成了部落裡的弄蛇人。在那個年代，弄蛇人都被視為具有神力的聖人。他們除了擔任巫師之外，還能為人治病及占卜。

聽薩古魯這麼說，我突然想到，直到今天，弄蛇這門技藝仍然在印度流傳。有一次我訪問當地時，就曾經親眼目睹一個弄蛇人所表演的神奇魔法。當時我正在一座神廟附近閒逛。那裡不僅遊客眾多，還有各式商販叫賣著蔬果、衣服和藝品等物品。突然間，我看到下面的山坡上有一個弄蛇人。他裸著胸膛、蓄著長髮，神色嚴肅地坐在一張毯子上，口中念念有詞，接著便開始用雙腳緩緩地輕叩地面。這時，一件非常奇怪的事情發生了：一條又一條的蛇開始慢慢地從野外朝著他所在的方向爬了過來。不到三十分鐘後，就有十二條蛇（包括眼鏡蛇在內）爬到了他身邊，並且被他一一裝入袋子裡。我心想，這真是太詭異了，不知道他是怎麼吸引或召喚這些蛇的。或許他具有某種不為人所知的超自然知識吧！

回到薩古魯的故事。他說，在那一世，畢爾瓦對蛇的知識是促使他後來追求更高靈性的因素之一。這是因為他在二十幾歲時非常叛逆，總想挑戰世俗，不料卻因此觸怒了一些人，以致他在很年輕的時候就遇害了。當時，他的對手把他綁在一棵樹上，並且放出一條眼鏡蛇來咬他，藉此取他的性命。由於眼鏡蛇的毒液含有強效的消化劑，因此它會迅速地破壞人體組織，使人痛苦異常，甚至還會造成大量出血，並使人肛門破裂。

畢爾瓦對有關蛇的一切瞭如指掌，因此他很清楚自己被眼鏡蛇咬到之後會有什麼下場。當蛇毒流入他的體內時，他自知大限已至，便開始縮肛（這也就是瑜伽中的「根輪收束法」）並且把意識聚焦在自己的呼吸上。這種觀照自己的出、入息的方法乃是克里亞瑜伽（Kriya Yoga）的一種，被稱為「安那般那念瑜伽」（Anapanasati Yoga）。不過，當時畢爾瓦並非刻意要這麼做。他之所以自然而然開始觀照自己的呼吸,是因為他想在死時盡量保持自己的尊嚴,而呼吸是他身體僅餘的功能。因此,他雖然身體疼痛不堪,還是不斷觀照自己的呼吸。這使得他在死前的幾分鐘處於意識高度集中的狀態,並因而得以帶著覺知離開自己的肉體。

薩古魯表示,這是神賜與畢爾瓦的恩典。由於他死時的覺知在他的內在生了根,並使他在許多方面都產生了改變,因此他便走上了靈性的道路。等到他轉世後,他依舊追求著靈性,並因而開始修習瑜伽,後來就成了人們口中的溼婆瑜伽行者。

這位溼婆瑜伽行者在行走各地,多方嘗試,並飽嘗飢餓與勞苦的滋味後,終於精通了瑜伽的各種技巧與竅門,但卻始終無法達到開悟的境界。

聽到這裡,我心想薩古魯曾經一再強調瑜伽是自我轉化的一種方法,於是便再度打斷他的話,問他當年身為溼婆瑜伽行者時所修習的是哪一種瑜伽。他答道,他當年修習哪一種瑜伽其實無關緊要,因為當時他並未達到「覺醒」(mukthi)(也就是解脫)的境界。不過,由於他精通「克里亞瑜伽」的若干技巧,因此他確實獲得了一些能力,即便長期不飲不食也可以存活,甚至能夠穿越類似牆壁等堅固的物體。更厲害的是,他擁有高度的感知力,能洞悉他人的過去、現在與未來。儘管如此,由於他自始至終無法開悟,因此他心中不免有恨,也極度渴望能達到那終極的境界。

我一邊聽著薩古魯講述畢爾瓦和溼婆瑜伽行者的故事，一邊注視著他。只見他寂然不動地坐在那氤氳繚繞的霧氣中，有如一尊古老的青銅雕像，已然經過千年歲月的洗禮，能夠看到那遙遠的、不屬於我們這個世界的時空。

在那深深的寂靜中，看著眼前的薩古魯，我不禁思索著有關輪迴的事。我是從第一個教我冥想的老師那兒聽到「輪迴」這個概念的。當時，我本能地覺得這遠比「人只有一輩子可活」的說法更有道理。之後，我讀了許多有關輪迴的書，但後來就逐漸失去了興趣。對我而言，了解前世唯一的意義是讓我明白自己今生何以會成為這樣的人，並從中學習。但此刻，面對著一位已經開悟而且還記得前世種種的智者，我忍不住想知道他是如何成為如此淵博的一位神祕家，而他的前世又在其中扮演了什麼樣的角色。

「輪迴主要就是一種進化的過程。」我還沒來得及開口，薩古魯就先回答了。

「動物也會進化，但一旦你有了人身，要不要進化就操之在你了。

「說到這裡，我們就要來談談瑜伽了。」他說道。「你可以藉著瑜伽來加速你的進化，讓你能超越自身的限制，成為一個不受任何束縛的人。瑜伽除了可以讓你的身心處於良好的狀態之外，也可以讓你擺脫這個維度的限制，進入一個完全不同的國度。換句話說，它能讓你從物質世界進入另外一個維度，而且這個維度不在別的地方，就在這裡。但一個人如果完全停留在物質層面，就無法進入這個維度。

「一個人如果完全停留在物質層面，就會認同那些有限的事物，並且感到不足與匱乏，於是他就會開始積攢那些有形的東西，因為我們的心智天生就喜歡積攢。當心智處於卑下的狀態時，它會想要積攢物質。當它稍微進化一些時，它會想要積攢知識。當我們被情緒所支配時，就會想要積攢人。我們的心智本質就是如此，總是想要收集這個、收集那個。同樣地，當一個人認為或相信自己已經走在靈性的道路上時，就會開始積攢所謂的『靈性智慧』，例如上師所說的話語等等。但無論他積攢的是食物、東西、人、知識還是智慧，他如果無法超脫這樣的需求，那麼縱使他積攢得再多，還是無濟於事。只要你有積攢的慾望，就表示你仍然感到不足。事實上，你是一個無限的存有。你之所以會感到不足，純粹是因為你認同了那些有限的事物。

「如果一個人能在生活中有足夠的覺察，並且持續進行內在的修煉（sādhanā），他的器皿就會變得愈來愈空。覺察可以讓器皿變空，靈修則會讓器皿變得潔淨。如果你覺察和靈修的時間夠久，你的器皿就會變空。唯有在這個時候，恩典才會降臨在你身上。如果沒有恩典，誰也無法達到什麼境界。如果你想體驗恩典的滋味，就必須讓自己變空，讓你的器皿裡空無一物。

「如果你不曾體驗到恩典，如果你不讓自己處於能夠接收恩典的狀態，如果你不讓自己淨空以便承受恩典，那你可能必須修行許多輩子才行。但如果你能讓自己淨空到恩典足以降臨的狀態，那麼你距離那至高無上的境界就不遠了。它就在那兒等著你去體驗，等著你去領悟。你將會超越所有的生命維度，進入那崇高的境界。你可以不用等到明天，或等到下一輩子。你可以在當下就達到這樣的境界。」薩古魯說道。

就在我思索著薩古魯的話語之際，霧氣開始逐漸散去，鳥兒也開始啁啁啾啾地叫著。一隻大藍鷺振翅飛起，用牠那源自太初、充滿野性意味的聲音宣告著新的一天的到來。天氣寒冷，我用毯子緊緊裹住身體，心想：我不知要經過多少世才能把自己淨空。我可不想像一個在遊樂場上騎著旋轉木馬的孩子一般不停地兜著圈子。我希望今生就能開悟。

「薩古魯,我們為什麼會有積攢東西的慾望呢?」我再次問道。

薩古魯低下頭看著他的雙手,接著便答道:「這種無論走到哪裡都要盡量積聚東西的習性是在很久以前就養成的。其中一個元凶就是教育。我們的教育總是教導我們要如何去收集更多東西。在學校裡,你學到了如何有系統地積攢東西,而且可以藉此謀生,但無論你收集到的人、物質、知識、權力乃至所謂的『靈性智慧』有多少,它們都無法讓你得到解脫,也無法讓你更貼近你的終極本性。如果你想獲得必要的覺察力,並且不斷淨化你的器皿,就必須做一些內在的功課。這便是瑜伽。

「如果你不想經由努力覺察的方式得到解脫,而是想要一步到位,唯一方式就是讓自己反璞歸真,單純地臣服。這便是『奉愛瑜伽』(Bhakti Yoga)。但這是那些喜歡用頭腦的人沒有辦法做到的。臣服並不是一種作為。當你無意於任何作為時,你自然而然就臣服了。當你有了充分的意願,沒有自己的意志,心中也沒有自我時,恩典自然會降臨在你身上。當耶穌說:『來跟從我。』時,那些聽他的話、追隨他的人幾乎都是單純地農夫和漁民,而那些受過教育、精於世故、博學多聞的人則沒有反應。除此之外，耶穌也說得很清楚：唯有孩童可以進入他的天國。這個意思就是：唯有純真如孩童一般的人能夠有忠誠的信仰並真正地臣服。」

聽了這話，我不禁感到有些哀傷，心想我們當中有多少人已經忘記了這條質樸、謙遜的道路。當然，也有一些例外，不過許多宗教確實都已經嚴重偏離了它們最初的教導。

想到這裡，我看到薩古魯張開了雙臂，彷彿要擁抱這整個早晨。接著他又說道：「我會一直走在『覺察』和『內在修煉』的道路上。如果你能自然而然地從『覺察』轉為『奉愛』，這當然很好，但這種事是無法經由後天培養而成的。靠後天培養而成的『奉愛』不是真正地『奉愛』，而是一種欺騙。」

「那我們該怎麼做呢？」我問。

他答道：「那張束縛了我們的羅網完全是我們不斷用自己的想法和感受編織而成的。所謂的『覺察』只不過是將你的想法、感受和你的自我加以區隔。我們所謂的『內在修煉』就是提升你的能量，使你能克服你的想法和情緒加諸於你身上的限制。」

接著，我又問道：「我也曾聽到你把放空的過程說成『融解』。你可以說明一下這是什麼意思嗎？」

「『融解』的意思並不是要你把自己放在一桶硫酸裡面。」他咧嘴一笑。「基本上，你的人格是你為了保存自我而本能地建構出來的，是一種無意識的產物，也是你在面對這個世界時所戴上的一張面具，但你卻把它當成了你，逐漸地對它產生了百分之百的認同。如果這個錯誤的認同（也就是你的自我）被融解了，你自然就會快樂起來，因為你的本性就是快樂的。你在面對這個世界時，可以視情況需要戴上不同的面具，但你不需要認同你正在扮演的那個角色。」

我回顧這一生中所扮演過的許多角色，包括女企業家、母親、伴侶、朋友和女兒等等，並試著想像自己沒有了那些身分的感覺。但我發現，儘管有某個部分的我一直從旁觀者的角度觀看著自己的生命，但要把這個「我」和那些角色分開，還真不容易。

我環顧四周，發現霧氣已經逐漸散去，不遠處的湖岸上那枝葉糾結、灌木夾雜的濃密樹叢已經露了出來。

「薩古魯！」我繼續問道：「我們一直在談論靈性成長這件事。如果我們唯一要做的事就是消融這個虛假的身分，這樣就算是『成長』嗎？」

「是的，成長就是讓這個虛假的身分逐漸消融。」他答道。「這個角色是你用你在不知不覺中吸收到的各種印象與觀念塑造而成的。它受到了很多限制。當你把它消融掉時，那無窮無盡的創造力的源頭就會開始進入你的內在，成為你生命的一部分。這就是我們所謂的『融解』。它指的是你把那些束縛了你的生命、讓你受到局限的東西去除了。我們之所以稱呼這個過程為『靈性的成長』，是因為喜歡用腦袋的人是無法從『融解』的角度來思考的。

「還有一種讓自己歸零的方式就是擴張、擴張、再擴張，無限制的擴張。透過這種方式，我們也可以達到『零』的狀態。『零』和『無限大』是一體的兩面。我們的自我比較容易認同用擴張的方式來歸零的做法。

「如果有人要你『放下自我』，你是不可能做到的。就算你再怎麼努力，也做不到。因此，與其放下你的自我，不如擴展你的能量。就連『我沒有自我』這句話也是一種非常自大的說法。我們的『自我』就像一個影子，是你認同你身體的結果。當你開始在你母親的子宮裡踢來踢去的時候，你的『自我』就已經誕生了。

「這個『自我』就像你的影子，它不好也不壞。影子的產生取決於外在情境。當太陽不在天空正中央時，你的影子就會出現。所以，『自我』不是問題所在。問題在於你已經無法區分什麼是你、什麼是你的『自我』。如果你試圖擺脫你的自我，那就像是試圖擺脫你的影子一樣。如果你試著要跑得比你的影子快，那你只會把自己累死，或者讓你非常沮喪。但只要你轉過身去，影子就會跑到你後面去。自我也是如此。它就在那兒，你擺脫不了它。它確確實實存在，但如果你能夠覺察，它就會為你服務。

「所以，你要無限制地擴張，直到你的自我消融為止。成長意味著擴張，也意味著消融。只有無知的人才會認為兩者是不一樣的。」

「那麼，究竟是什麼東西在輪迴呢？」我問。「是這個自我嗎？如果我們終將和那個已經存在於我們內心的神性合一，那不就沒有個別的靈魂了嗎？」

「所謂的靈魂其實是虛構的東西。在談到投胎轉世這個問題時，你得稍微了解一下自己的構造。當你說自己是一個人時，你指的通常是你最外面的那一層，也就是你的身體。在瑜伽的理論中，我們把自身的一切視為幾個不同的『體』，因為這樣比較容易理解。也就是說，我們認為身體包含了五個層面，稱之為『五鞘』。

「我們把肉身稱為『食物體』（the food body）。其次是『心智體』（the mental body），第三個則稱為『能量體』（prana）。這三個體都屬於物質的層面。

肉體很粗重，心智體較為細微，能量體又更加精微，但這三者都是物質。我們可以拿燈泡來做個比方。燈泡是物質，電力也是物質，甚至連燈泡所發出的光也是物質。

「肉體、心智體和能量體都是生命的物質層面。這三者都帶著業力的印記。業力被烙印在我們的肉體、心智和能量上，而這個業力的印記（或稱結構）把這三者綁在一起。可以說，業力就像水泥一樣，把你和你的肉身連在一起。

「另外那兩個體就不是物質了。其中一個有點像是介於物質與非物質之間的狀態，另一個則完全不屬於物質層面。它被稱為『極樂體』（the bliss body）。你內在的這個極樂體百分之百是非物質的。它不以任何形式存在。唯有在能量體、心智體和肉體都正常運作時，極樂體才能處於良好的狀態。那就像是一個氣泡一樣。氣泡把一些空氣包住。當你把氣泡的架構拿掉時，裡面的空氣就和其他的一切合而為一了。如果肉體、心智體、能量體都被拿掉了，極樂體就會成為宇宙的一部分。因此，如果業力的架構完全被拆解了，靈魂就不可能存在了。它會和其他的一切合而為一。也就是說，如果業力的架構百分之百崩解了，你就會和宇宙所有的生命合而為一。這意味著你就不存在了。」

我和黎拉一起蜷縮著坐在船上。此刻，天空中的雲朵已經逐漸露出了縫隙，湖的四周也開始傳來各式各樣的聲響，顯然人們已經陸續起床並且把家裡的狗放了出來。湖上偶爾可以聽到魚兒躍出水面的聲音，附近人家煎烤醃肉的香氣也隱約可聞。

薩古魯繼續說道：「這個非物質層面是你存在的核心。我們可以稱之為『空無』（nothing）或『萬有』（everything）。它是萬物的基礎，是創造、維繫和摧毀萬物的終極智能。這個『空無』或『廣闊無垠的狀態』被稱為『極樂體』，因為非物質層面的存在是無法以言語形容的，我們只能從自己的經驗推知。當一個人超越物質層面，觸及到這個非物質層面時，心中就會充滿喜樂。因此，當我們提到『極樂體』時，是根據我們的經驗來指稱這個難以言喻的狀態。我們所謂的『解脫』，指的是脫離生命的過程，沒有出生，也沒有死亡，我們的那三個體不再被業力的架構所捆綁，我們的自我也消失了。」

「薩古魯，這個『極樂體』，也就是我們的『自性』，是否從某個意義上來說就是上帝？我們如果不想成為一個狹隘的、受到各種限制的人，是不是就可以成為上帝？」我問。

「你所謂的自性，也是宇宙共通的。」他答道。「並沒有不同。只是現在……」

他停頓了一下，指著自己的身體。「這個皮囊已經蓋住你那個屬於宇宙的面向。在修習瑜伽之後，你就開始能夠分辨自己的能量層級，建立一個完整的系統，並且開始靈性上的修煉。這時，你的身體和心智（你的皮囊）就會逐漸變得沒有那麼重要，而你的自性也會逐漸顯露出來。到了這個地步，你才比較能夠看清這個自性，並且體驗到它的存在。這便是一套完整的『內在修煉』。在所有的瑜伽中，『內在修煉』的目的都只是要削弱身體與心智的重要性，並彰顯『自性』的重要。

「你的自性一直都在。你進行『內在修煉』的目的並不是要讓你的內在生出神性，而是要讓你能夠看清你內在的神性，也就是你的自性。在美國，有許多人都在談論『自我發展』（self-development），但自性不是你能夠發展的東西。你可以發展你的心智，這沒什麼不好。也可以發展你的自我（ego），反正大家都這麼做，但你的自性已經是純粹、完整且無邊無際的，這樣的東西你要如何發展它呢？

「如果這個自性是能夠發展的，那你最好把它丟掉，因為它一定是不完整的。唯有不完整的東西才能被進一步地發展。如果某個東西已經無所不在且永存不朽，你怎麼能夠發展它呢？因此，『內在修煉』並不是要你去建造什麼，也不是要讓你的內在生出神性或者開悟，因為神性原本就在你的內心。『內在修煉』只是讓你把眼睛打開的一種方式。它就像一記警鐘，讓你清醒過來，進入更高的實相。

「世上沒有所謂的『自我認識』（self-knowledge）這回事，只有自性而已，沒別的了。這一點耶穌已經說得很清楚了。他雖然曾經談到他自己和他在天上的父，但有一回祂卻說：『我與父是一體的。』也就是說，那個已經超脫了所有限制的你和你口中那位全能的上帝並沒有分別。」他深深地看著我的眼睛，彷彿要確定我理解他的意思。我知道有些人會覺得這種說法有褻瀆上帝之嫌，但我也明白薩古魯是要藉此宣揚一個很重要的真理。那一瞬間，我恍然大悟：原來我們這一生大多數時間就像眼前這座湖一般，籠罩在迷濛的霧氣中，看不清人生的真相。

「如果我們受到了這些限制的束縛，要如何才能體驗到這樣的境界呢？」我問。

「你必須要有超越自我限制的意願。這也就是所謂的『臣服』。要通往那樣的境界，唯一的障礙就是你自己。如果你願意這麼做，誰能阻擋你呢？因此，所謂的『內在修煉』純粹就是讓你產生這樣的意願。開悟並非遙不可及，但要讓一個人百分之百願意臣服，就要花一點時間了，因為你們有太多的抗拒。要放下抗拒的心態、全然願意臣服，是要花時間的。不是每個人都如此，但大多數人確實需要花些時間。」

「薩古魯，在西方文化裡，如果你說你能逐漸進化，進而成為神，是會冒犯許多人的，包括我認識的許多人在內。但在印度，卻有許多人努力尋求開悟。你能告訴我為什麼這兩種文化之間會有這樣大的差異嗎？」

「印度的文化非常古老，曾經出過許多開悟的覺者。」他說。「這世上有兩種文化。有一種總是等待上帝以人的面目下凡來改變這個世界，例如西方的文化。

「另一種文化則認為：唯一能夠改變我們自己以及外在情境的方式，就是把自己變成一個神。瑜伽就源自這樣的文化。在瑜伽的理論中，並沒有『上帝下凡』這樣的說法，而是認為我們自身就有可能像上帝那樣，充滿喜樂、洞悉一切。

「無論你認為上帝是什麼模樣，我們都能成為那個模樣，而且人人都有可能。如果只有一個人是上帝或上帝的兒子，那麼其他人是什麼呢？眾生又是什麼呢？我們都來自同樣一個源頭。只有那些懷有極度偏見的人才會說：『不，我的上帝和你的不一樣，你的上帝和我的不一樣。』唯有在這個時候，才會有問題產生。別忘了，耶穌在答應帶領世人前往天國之後，又說了一句：『神的國就在你們心裡。』他還說：『你們可以變得比我還要偉大。』

「事實上，佛陀、克里希納或耶穌並不希望世人去追隨他們。他們知道眾生都有神性，因此他們只是在努力彰顯這樣的神性罷了。

「只要稍稍有點判斷力的人都可以看出:所有的生命必定是來自同樣一個源頭。既然我們都來自同樣一個源頭,那麼我們內在必然有著相同的能量。有些人把這股能量稱為『上帝』,有些人稱之為『阿拉』,愛因斯坦把它稱為E,我們印度人則稱它為『自在天』(Ishwara 或 Isha)。

「無論你怎麼稱呼它,我們每一個人內在都具有這股能量,只是我們並沒有意識到而已。事實上,如果你覺察到這股能量,並任由它表現出來,你也會成為一個神聖的存有。我的意思並不是說:在那之前,你不是一個神聖的存有。事實上,此時此刻,你就是一個神聖的存有,只是你自己沒有意識到這個事實罷了。要知道,凡是你沒有察覺到的東西對你來說就是不存在的。如果你坐在這裡的時候,後面站著一隻大象,它雖然巨大無比,你卻沒有發現,那麼對你來說,這隻大象並不存在。同樣地,儘管神就在你的心中,只要你沒有察覺你自己的神性,那麼對你來說,你的神性就不存在。然而,如果一個人開始察覺到了,他就會發現其實每一個人都有能力可以察覺。」

「薩古魯,是不是每一個人都能夠達到自身意識的巔峰?這種瑜伽真的對每個人都有效嗎?還是只有對像你這樣特別的人或者那些非常熱切地尋求的人才能產生作用？」我問。

「瑜伽對每個人都有效。這是可以肯定的。要知道，瑜伽是一種技術，所以不可能對這個人有用，對另外一個人沒用。就像電話、電視、電腦這些東西，不管落在什麼人的手裡，都是有用的。儘管大多數人都不明白這些機器運作的原理，但你只要學會如何使用就夠了。當然，由於每個人的技能不同，使用的程度也不同。大多數人恐怕一輩子也不會了解瑜伽的原理，但它確實對每一個人都有效果。至於這些效果要多久才能看得出來，這就要看每個人的年齡、態度或業力等等因素。但無論你是否能夠立刻察覺它的功效，它確確實實是有效的。有些人做了以後，就像淋了汽油一樣立刻發出熊熊烈火，有些人會像紙一樣慢慢地燒，有些人則像是潮溼的木頭一般，老半天燒不起來，但瑜伽確實能夠加快每個人進化的速度。」

「我們一定要經過很長的時間才能達到開悟的境界嗎？還是很快就可以達到？」我問。其實我想知道的是我要多久才能開悟。

薩古魯答道：「你可能要花幾百世甚至幾百萬世的時間，也可能當下就得以開悟。如果你這一生只有這個目標，而且你把全副的精力都放在上面，你或許不久就能達到這個境界。問題是人們都有很多其他要優先處理的事情，於是便把靈修視為次要的事。事實上，你所尋求的東西就在你的內心。如果這是你這一生當中唯一重要的事情，那就沒有任何一種力量可以阻止你。只要你願意，當下就可以開悟。如果問題在於能力，那麼你可能需要一段時間。但如果問題不在於你的能力，而是你的意願，那麼請告訴我，誰能決定你什麼時候才會願意呢？」

「可是，薩古魯，如果我們要把這個當成生命中唯一重要的事情，那是不是意味著我們必須放棄原來的生活呢？」

「你原本的生活並不會對你造成妨礙。如果你把認識自己的終極本性當成你生命中唯一重要的事情，那麼你在做每一件事情時都會自然而然地朝著那個方向前進。你的工作、人際關係、愛情、金錢乃至你的呼吸都會以此為目標。當你心中懷有一個遠大的目標時，你所做的每一件小事都會讓你感到充實而喜悅。因此，一旦你把認識自己的終極本性這件事當成你生命中唯一重要的事情，那麼你的生活、你所做的每一件小事以及你的思想與心情都會變得愉快而充實。」

聽到薩古魯的這番話，我不禁鬆了一口氣。這個世界確實充滿了各式各樣令人分心的事物，讓我們很難專注在一件事情上。因此我很擔心只有那些放棄世俗生活的人才能開悟，況且在那些人當中，真正能夠開悟的也是少之又少。他們說你得放棄自己所擁有的一切才能悟道，而有些人就真的這麼做了。我相信他們有他們的道理，但即便如此，也不能保證一定會開悟。人們可能還是會認同自己的身體和心智。那麼，我們要如何脱離我們所認同的那些事物呢？對我來説，認識自己的終極本性確實是我生命中最重要的事，但我還是不知道該如何運用生活中的種種來達成轉化的目標。所以，我該怎麼做呢？為了達到這個偉大的目標，我該怎麼過日子呢？

「可是，薩古魯，瑜伽是如何能使我們達到轉化的目標呢？」我問。

他耐心地答道：「雪柔，瑜伽能使我們的身體達到充分協調的狀態。當你的心智、身體、能量與你內在的本質（這是創造的泉源）全然和諧一致時，你自然而然就能發揮最大的潛能。你有沒有發現你在快樂的時候似乎有著無窮的精力？」

「確實如此。」我答道。

他點點頭，繼續説道：「當你感到快樂的時候，你的能量總是運作得比較順暢，即使不吃不睡也沒有關係。所以，只要些許的快樂就能使你掙脱平常在能量和能力上所受到的限制。

「瑜伽是一門科學。它能啟動你內在的能量，使其變得活躍蓬勃，讓你的身體、心智和情感都達到最高峰。當你的身體和心智都處於高度放鬆且喜悅的狀態時，就不會像許多人那樣出現身、心方面的問題。只要你不斷練習瑜伽，你的身心就會永遠處於巔峰狀態。這樣一來，你自然而然就能夠在某種程度上掌握自己的人生和命運了。」

我的情況確實是如此。我現在的狀態比從前任何時候都要好。我不再像從前那樣會被一些事情所困擾，我的心情也不再那麼容易被外境所影響。事實上，我很驚訝地發現：我甚至比以前更有能力去改變外境（包括那些被我歸類為很難一起合作的人），並創造自己想要的結果。

「薩古魯，你曾經告訴我心靈的平靜只是最初的效果。」我說。「那麼，瑜伽究竟如何幫助我們超越一切限制呢？」

「你可以逐一解開那些捆綁你的繩索，也可以一次掙脫你所受到的束縛。所謂『能力』其實只是能量運作的方式而已。當你能夠掌控自己的能量時，自然就能做出你從前認為不可能完成的事情。既然美國人都那麼迷戀科技，那麼我就用以下這個比喻來解釋：瑜伽其實只是運用你的能量來達成更多可能性的一種科技。當一個人的內在能量被啟動時，他就進入了另外一個完全不同的領域。在這個領域中，他的感知力、經驗、能力和潛能都和從前大不相同。換句話說，當你到達這個階段時，任何事情，只要不違反自然法則，你都可以做得到。」

「你有沒有聽過馬克・吐溫在和印度的幾位神祕家見面後所說的那句話？」薩古魯問我。

「沒有，我喜歡馬克・吐溫，但我不記得他說過任何有關印度的話。」

「他說：『人或上帝所能做的任何事情都已經在這塊土地上被做出來了。』」

說著說著，只見太陽開始穿透雲層，照射出燦爛的光芒，彷彿大自然也在聆聽著薩古魯的話語。我們沐浴在這宜人的陽光中，享受著溫暖的天氣。但過了幾分鐘之後，薩古魯便提議回家了。我雖然仍沉浸在我們的對話中，感覺意猶未盡，但也不得不同意他的說法：我們確實該回家了。其餘的故事就留待以後再聊吧。

由於霧氣已散，我已經能辨識我們三人所在的位置了。我指出我家所在的方向後，薩古魯便發動船隻的引擎，往湖的對岸駛去。我們返抵家門後，他就回房去了，我和黎拉則決定各自睡個午覺，等醒來後再去採買食品與雜貨。

這一天的時光依然過得飛快。當晚，薩古魯出來和我們會合的時間比往常提早很多。眼見當時天色尚未完全昏暗，他便提議我們去外面散散步。由於小屋到湖岸一帶的風光都美得令人屏息，而且天色很快就會變暗，於是我們便決定在小屋附近散散步就好了，不要開車前往健行步道，以免浪費時間。

散步時，我趁機問薩古魯一些比較世俗的問題。這是因為我的一個朋友知道薩古魯要來我的湖畔小屋待上一個星期時，便要我向他請教有關金錢方面的問題，並且問他是否每個人都有一個天生適合從事的職業。

我對此一度頗為猶豫，心想：面對一位知識如此淵博、能見人之所未能見的靈性大師，卻和他談論有關金錢和職業方面的問題，似乎是一種浪費。但我繼而又想：既然薩古魯向來都能接受人們的真實面貌，而且對西方人而言，金錢原本就很重要，因此問他這些問題其實也沒有什麼不對。就我自己的例子來說，我對金錢的態度曾經有過很大的轉變。最初，我認為金錢一點都不重要，因為它並不能使人快樂。但後來，我開始擔心錢不夠用，於是就變得很在乎錢，以致我後來花了太多的時間去賺錢。

於是，走了幾分鐘之後，我便提出了我的問題：「薩古魯，為什麼在美國這兒，有這麼多人的生活會受到金錢的影響呢？我認識的人當中，有許多人都把大部分的時間拿來賺錢，卻還是經常覺得錢不夠用，或者因為忙著賺錢而沒有時間享受生活。」

薩古魯不假思索地答道，人們往往賦予金錢太多的價值和意義。他說：金錢只是一個手段，目的是在讓人與人之間的交易變得比較簡單。當我繼續追問時，他說：

「金錢的出現，是源自『以物易物』的制度，其實它本身並不複雜，只不過是一種交換的方式或一個工具，可以讓我們的生活變得比較舒適。如果你口袋裡有錢，你會過得比較舒服。所以金錢本身並不是問題。但一旦金錢進入你的腦袋裡，它就開始變得扭曲了。你會因為金錢而受到認同，於是它就成了你的身分標誌。你擁有多少金錢便開始成為你身分的一部分。一旦你的身分與金錢劃上等號，那麼再多的錢對你來說都是不夠的。

「有很多人會因他們的資產淨值稍有波動就感到痛苦，但金錢本身只是一個手段，不是目的。它就像其他所有東西一樣，是為了增進我們的福祉而創造出來的。但是當我們將它與我們的身分劃上等號時，我們就會忘記這點。

「這時，我們賺錢的目的不再只是為了夠用，而是為了提高自己的身分地位。

於是，我們就開始拿自己和別人比較，無法享受自己已經擁有的一切。逐漸地，這就會成為一種疾病，因為你會為了賺錢而犧牲自己的福祉。每個人都有不同的能力。你只要衡量自己的能力，不要和他人比較，就有辦法靠著從事自己喜歡的工作賺到足夠的錢，不用這麼辛苦。金錢絕對是必要的，但我們究竟需要多少金錢呢？如果我們改變心態，不再追求成功，而是追求快樂，就會發現我們對金錢的需求大大地減少了。

「我們究竟需要多少錢、多少物質才能活得開心呢？現代人過得比從前任何一個年代都更豐衣足食，一般平民百姓所能享受到的舒適與便利甚至遠超過一百年前的王公貴族。但我們過得並沒有比我們的祖先更加快樂。一旦金錢成為你身分地位的一部分，那麼無論你多麼有錢，你還是感到恐懼與不安。這樣的生活方式並不明智，因為原本應該帶給你舒適與快樂的東西卻反而讓你活得不開心。我們或許可以成功地營造出表面上看起來很美滿的生活，但真正地生活品質是建立在我們的內心中。」

「薩古魯，為什麼瑜伽行者似乎都不太喜歡物質上的享受？」我問。

薩古魯聞言大笑，接著便說道，瑜伽行者並不反對物質享受。「他們是希望能在任何時候、任何狀況下——甚至是躺在釘床上的時候——都能感到安適自在。」他說。「他們只是不想滿足於大多數人所追求的那種小確幸。事實上，舒適與否並不取決於外境，因為真正地安適來自於內心的自在。

「在今天這個世界裡，我們讓經濟成了人生中最重要的部分。你的愛不重要，你的喜悅不重要，你的自由不重要，你的感覺不重要，你的音樂和舞蹈都不重要了。最重要的就是你的經濟情況。今天，在任何一座城市裡，如果你說某人是個大人物，那並不表示他是最有愛心的人，也不表示他是手藝最好的人，更不表示他是最愛思考的人。這僅僅表示他是城裡最有錢的人。因此，經濟狀況成了我們唯一的價值取向。除非生命中那些比較隱微的面向能夠變得重要起來，我們絕不可能過得快樂。事實上，你如果能夠停止和他人比較，就會發現你的需求大幅減少了，你也會過著遠比現在更合理的生活。為了拯救地球，讓地球能夠永續存在，這是我們應該具備的意識，因為地球是我們目前生活的基礎所在。

「金錢可以給你力量，但如果你認為它代表了你這個人，就會讓它成為你的阻礙。金錢本身並沒有什麼不好。如果你只是把它放在口袋裡，不認為它足以代表你這個人，那麼它就會很有用。一旦它進入了你的腦袋，它就會開始變得扭曲。如果你把內心的快樂視為人生最重要的事情，就會發現處理金錢一點也不難。」

「薩古魯，我知道你的父親是個醫生。當時你的家境是不是很富裕？」我問。

「錢在我家並不是個問題。」他說。「我父親的事業很成功，但他的目的並不在於賺錢，因為我的祖父家財萬貫，所以只要我父親願意，他大可以繼承龐大的家產，但他拒絕了。他沒有繼承家業，而是成了一位醫生。這是因為在他五歲的時候，他的母親就因為肺結核而過世。她在纏綿病榻，日益衰弱，卻無藥可醫之際，一度許下心願，希望她的兒子長大後能夠從醫。於是，儘管我的爺爺希望我父親能夠接掌家族事業，他還是立志要當個醫生。我父親有一個特質就是：他永遠把別人放在第一位。他當醫生時，只要有病人找他，無論他當時是否正在待命，都會立刻有所回應並且採取行動，即使面對小病也是如此。他在乎的從來都不是賺不賺錢。我還記得有許多次我們一家人才剛坐下來準備吃飯，就有人請他去幫助某個人，結果我父親也就立刻站起身來，準備出門。每次我母親都會請他至少花個一分鐘的時間，先把飯吃完，但他總是立刻動身。

「至於我外祖父（也就是我母親的爸爸）那邊的情況就很不一樣了。他是鎮上最有錢的人，而且視財如命，但我的外祖母卻很重視靈性。他們兩人之間的懸殊差異讓小時候的我留下了深刻的印象。

「當時，我的外祖父家每天都會有人烹煮大量的食物。一到早上，鎮上所有的乞丐都會跑到他那兒去吃一頓飽飯。他們的人數大約有三、四百個。我的外祖父就像個國王一樣。他每天早上六點半就會坐在大門口處理事務，而他所做的第一件事就是餵食那些乞丐，接著再記錄他送給他們的禮物。或許他認為這樣可以讓他有機會上天堂。等到那些乞丐吃飽飯後，他就開始做他的生意了。鎮上的每一個人都跟他借過錢。他們會利用早上的時間前來支付利息、清償債務或處理其他的事務。除了鎮上的居民之外，我的外祖父也會借錢給那些屬於『賤民』階級的人。但他每次都把錢丟在地上，因為他不想碰觸到他們。

「每天早上，我的外公在他家的前門統理他的王國時，我的外婆則在後門統領另外一個王國。人們之所以會來找我外公，都是出自各種不得已的苦衷，因為他在鎮上是有錢有勢的人物。但他們在和我外公打完交道，受到他很不堪的對待後，往往會到後門去找我的外婆。儘管她只是坐在那兒，沒有什麼東西可以施捨，但每個人都想在她身邊待上至少幾分鐘。也就是說，我的外公不屑碰觸的那些人，我的外婆卻在後門加以迎接，讓他們沐浴在她的愛當中，並且聆聽他們訴說自己的生活景況和困境。

「對我來說，這樣的情景真是太有意思了。同一間屋子的兩頭卻存在著兩個截然不同的世界。不知為什麼，我總覺得我外婆的那個國度裡有著更多的恩典和美感，因為人們之所以前往那裡，是因為他們想去，而他們之所以去見我的外公則是因為他們別無選擇，不得不然。我確信如果他們的錢夠用，絕對不會願意和他打交道的。

「我的外婆在六十四歲時，就搬到外面去住了。我外公的家族雖然在他們那一帶擁有許多土地，但她卻跑到別人的地上蓋了一間小小的寺廟。此舉讓他們的家族感到非常丟臉，因為他們是鎮上最富有的人家，而她卻在別人的土地上用自己的雙手蓋了一間小廟，甚至住在那裡，自己種菜。

「她經常利用上午的時間（尤其是我們過去探望外公的當兒）前往我外公的家，待上三、四個小時。每當我們去那裡度假時，她也一定會過來，花幾個鐘頭的時間來陪伴我們。那段期間的上午，她經常會做一件讓我覺得很有意思的事情：她會端著裝有她的早餐的盤子出門，走到有松鼠、麻雀和其他小動物的地方，再把食物分成一小塊、一小塊的分撒在地上給牠們吃，而且往往連她自己都還沒有吃一口，她就把盤中食物的至少四分之三都拿來餵食那些小動物了。除此之外，她還會跟牠們說話，彷彿牠們都能聽得懂她講的話似的。不過有時候，她只是靜靜地在那裡看著牠們。

「我們家的人大多把她當成瘋子，但她對待那些小動物的方式很吸引我，因為她是真的和牠們在一起。當時我年紀還小，覺得她這樣做很自然：她就像我們和別人說話一樣，正在和那些小動物溝通呢。

「直到很久很久以後，我才開始思索她當時所做的事。我記得有很多次她在餵食那些小動物時，自己連一口也沒吃。當時如果旁邊有人經過，他們往往會問：『你自己怎麼不吃呢？』她則會回答：『我已經吃了呀！我是和那些小松鼠一起吃的。』也就是說，她餵了牠們之後，自己也飽了，而且這不是情感上的飽足，而是她真的感覺自己的肚子已經飽了，於是就不用再吃東西了。後來，她一直活到一百一十三歲才過世，所以她這樣做顯然沒有什麼問題。

「過了很久很久以後，當我自己開始體驗到一些很不尋常的現象時，才突然理解了她當時那些舉動的意義。之前，我只是喜歡而已，並不了解她和萬物交流的深度。」

薩古魯說到這裡，停頓了一下。於是，我便趁機又問了一個問題：「我記得你說過你有一個祖母經常會欣喜若狂地又唱又跳，並且用腳把鮮花踢到神像那兒。你當時說的就是這個祖母嗎？」

「嗯，就是她沒錯。怎麼可能有兩個呢？」他點點頭答道。「後來，我逐漸了解她當初為什麼要那麼做，而且我自己也開始這麼做了。現在我已經在她的行事作風上看出了更多的意義。」

我們沿著步道靜靜地走了一會兒，到了湖上的一個岬角時便停下了腳步。從此處往下俯瞰，只見平靜的湖面在陽光下閃閃生輝，湖畔的樹木清清楚楚地倒映在水中。然而，我的腦海卻無法像湖面一般平靜，因為我心裡還有其他疑問。於是，我便再次問道：「好，我再問一個問題：人們是否都有各自的人生使命？」

薩古魯笑了起來。「如果生命在召喚你，你就必須滿懷熱情、全力以赴，不要有任何猶豫和算計。生存乃是生命的基礎，因此唯有在能夠生存的情況下，你才能實現生命中比較美好、幽微的面向。所謂使命，並不是要為了彰顯自我而去做什麼與眾不同的事，而是要充分發揮自己的潛能。如果你對生命的每一個面向都充滿熱情，就能夠輕易發現自己所擅長的事情。比方說，你可能很擅長eppume illadadi。」

「那是什麼意思？」我問。

「它的意思就是你可能很擅長某一種從來沒有人做過的事，某個全新的領域。但就算你做的事情沒有什麼獨創性，而是一些很簡單的事情，而且早就已經有人做過了，但只要你做的時候能夠滿懷熱情、全心投入，你就會有完全不同的體驗。不過，人們如果只對某一件事情懷有熱情，對其他事情完全不感興趣時，問題就產生了，因為這種心態往往會使一個人自我孤立、與世隔絕。當一個人與世隔絕，只參與非常少數的活動時，他一定會感到挫折與痛苦。所以，我所談的是對萬事萬物的熱情。

「一個人必須去接觸他的五官在當下所能感知到的每一件事物，並且懷著熱情百分之百全心投入。這才是真正地同情心。同情心並不是一種仁慈的態度，而是一種不帶偏見的投入。

「生命是先存在，再行動，而後才擁有。但現在，因為被你的心智所困，所以總是想要先擁有。你想擁有某一種生活，包括某一個樣子的伴侶、房子、汽車等等。但你要如何擁有這些東西呢？於是你就開始思考自己該做什麼。一旦你開始思考自己要做什麼，你身邊的人就會開始給你一些建議。於是，你就打算要當個醫師、律師，或從事出口貿易等等工作。等到你從事這些工作一段時間後，就會以為自己已經有了若干成就。但事實上，你已經悖離了你的生命，因為你已經走上了『擁有——行動——存在』的路子。這會讓你永無止境地想要擁有，以致你的生命永遠無法得到滿足。你必須先確定自己是個什麼樣的人。這樣一來，無論你是否能得到你想要的東西，你的生命還是會很美好。你的生命品質取決於你是個什麼樣的人。至於你能擁有什麼只是能力和因緣的問題。如果你能轉換心態，先確立自己是個什麼樣的人，然後再採取行動，然後再擁有，那麼你將能夠掌握自己大部分的命運。

「雪柔，我希望你能了解：並沒有所謂的『今生的使命』這回事，但生命確實在召喚你。這樣的召喚來自你的內心，也來自外在。你唯有切切實實地回應生命對你的召喚，才能充分體驗生命。只有在你能夠不帶偏見地全心投入整個宇宙（包括它的每一個原子）時，你才能探索、體驗並了解自己的全貌。當你全心投入時，你可以超越過往的經驗與能力，接觸並吸取宇宙龐大的知識庫（宇宙的本質就是一個龐大的知識庫）。在這個全神貫注、心無旁騖的投入過程中，你將可以認識自己真實的本性，知道你的本性是浩瀚無邊的，也是一切的基礎。事實上，這正是你透過永無止境的追求與擁有想達到的境界。」

幾朵淡淡的白雲迅疾飄過天空。此時，我們已經走到一個小灣的盡頭，很快就要折返我們的湖畔小屋。即便我們和薩古魯所談論的問題最後都會回歸到認識自己的本質，但我還是想請他談談我們所面臨到的一些障礙：「薩古魯，我們這兒有很多人都面臨很大的壓力，他們的生活也因此受到嚴重的影響。這些人該如何處理這個問題呢？」

他答道：「首先，人們為什麼會有壓力呢？幾年前，我第一次來美國的時候，無論走到哪裡，都發現有人在談論有關『壓力管理』的問題。這是我無法理解的。為什麼會有人想要管理他們的壓力呢？你要管理的是你所重視的事物，不是嗎？你會想要管理你所不喜歡的事物嗎？如果你要管理的是你的事業、你的財產、你的家庭和你的金錢之類的東西，這我可以理解，但為什麼要管理壓力呢？

「過了好一段時間之後，我才了解，原來人們已經得出了一個結論，那就是：人活在這世界上，不可能沒有壓力。所以你們美國人已經一致認為壓力是生活的一部分。但事實並非如此，除非你的精神已經不太正常了。你之所以會有壓力，並不是因為你的工作很困難，而是因為你無法管控自己的各個系統。你不懂得如何管理你的身體、心智、情感或能量。如果你懂，就沒有什麼事情會讓你有壓力了，因為你已經不再被外境所左右。」

說到這裡，他沉默了一會兒。我思索著他的話語，心想這確實切中了我們日常生活的弊害。我原本還想這樣的問題會不會太膚淺了，現在我很高興我問了。

我們邊走邊聊，不一會兒就來到了一處轉彎。這時，我們突然聽見狗兒狂吠的聲音，接著便看到前方不遠處有兩隻狗惡狠狠地朝著我們衝了過來。其中一隻我之前曾經碰過。牠是一隻紅鬆獅犬，對人向來滿懷敵意並且經常主動挑釁。已經不止一個人向牠的主人抱怨，請他們管好牠。事實上，到目前為止已經有好幾個鄰居數度打電話給「動物管理局」，請他們派人來處理，但這隻狗很狡猾，所以到現在還沒有被抓走。

牠朝著我們衝過來時，我一眼就認出了牠。除了牠之外，還有一隻長相凶惡、看起來像是得了狂犬病的狗。眼見牠們衝了過來，我不由得大叫一聲。薩古魯見狀，便示意我和黎拉不要再往前走，於是我們兩人便停下腳步，留在原地等待，而薩古魯則繼續前行。但出乎我意料的是：那兩隻原本朝著我們狺狺狂吠的狗看到薩古魯走過去時，竟然立刻乖乖地在路邊坐了下來，彷彿被某種不可見的力量遏止了。

我和黎拉小心翼翼地從那兩隻狗的旁邊走過時，我告訴薩古魯我很驚訝牠們居然一下子就變得那麼溫馴。薩古魯一如往常般大聲笑了起來，然後說道：「我可不希望自己身上被咬掉一塊肉呢！經過這一回，這兩隻狗以後應該會變得比較有禮貌一點吧，只不過我猜牠們的主人可能不會希望自己的看門狗變得那麼溫馴。

「雪柔，我希望你能了解：你周遭的生命會根據你的模樣——而不是你在你自己或他人心目中的樣子——來回應你，並讓它們自己變得和你一樣。所以，你怎麼看待自己其實無關緊要。」

事後，我們三人繼續默默前進。但無論周遭如何靜謐，我的心思就是靜不下來。我一直在想：就連那些凶猛的動物似乎也知道薩古魯是誰。我在他身邊時，曾經看到許多很不尋常的事情，但有他在的時候，這些事情卻又顯得再平常不過。

這次經驗讓我想起我和薩古魯與黎拉一起在喜馬拉雅山健行時所發生的一件事。我們是在九月的某一天出發的。當天的天氣非常美好，同行的人有好幾百位。我們一起走在印度境內那風景美得令人屏息的喜馬拉雅山區。我曾經在書上看過許多有關喜馬拉雅山以及那裡的瑜伽行者和神祕家的故事，因此多年來一直想要造訪這座充滿神話色彩的山脈。因此，當薩古魯邀我一起探索這個不可思議的地區時，我心想機會難得，立刻就答應了，雖然不到十五個月之前，我的身體還很虛弱，連一哩路的四分之一都走不完。

當天，我們一路往上走，朝著那神祕的凱達爾納特寺（Kedarnath）前進。該寺地勢甚高，海拔超過一萬兩千英尺。這趟行程別有意義，因為薩古魯對凱達爾納特寺有特殊的感情。他不僅經常提到它，而且言語之間充滿了愛與崇敬。古往今來，有許多聖賢都住在那兒。據說那裡雖然原始荒涼，卻充滿能量，能夠讓人得著安慰與啟發，是一個很神奇的地方。

那天，我們上山時，一路天色湛藍，陽光普照，似乎是專門為我們而打造的一個日子。我們走在山腳下時，天氣溫暖宜人，到了山上時，就變得頗為寒冷了。那一天，我們走了將近九英里的路程。沿途都有茶水攤販賣印度奶茶、「林姆卡」

（Limca，譯註：一種萊姆口味的碳酸飲料）和芬達橘子汽水。除此之外，還有瓶裝水和一些鹹、甜餅乾。有幾個攤販甚至還提供印度口味的熟食。

一路上，我們這一團的成員都各走各的，因此人數雖然眾多，但大多都是一個人安安靜靜地行進。途中我們遇到了許多人。他們有的步行，有的騎著馬或騾子，有的上山，有的下山。有些則坐在一種特製的籃子裡，由當地的土著抬著走。這種運輸方式顯然在高海拔地區頗為常見。

走了大約四分之三的路程時，我遇到了一位瑜伽行者。他帶了大約二十位信徒，同樣也要前往凱達爾納特寺。從他們的服裝、神態和身上所佩戴的標誌可以看出他們是溼婆的忠實信徒。溼婆被視為史上第一位瑜伽行者，也是有史以來第一位瑜伽導師，因此，他有著「最偉大的上師」的稱號。

根據傳說，溼婆住在「康提・薩若瓦湖」（Lake Kanti Sarovar，即「恩典湖」之意）。此湖位於達爾納特寺上方約兩英里處，是由冰河水匯聚而成，水質純淨清澈。據說，溼婆經常前往凱達爾納特寺會見並指導那裡的瑜伽行者和聖哲。因此，凱達爾納特寺被視為溼婆神的住所。在那裡，人們能夠感受到祂的精神。

我們遇到的這位瑜伽行者身穿一件樣式簡單、未經縫製的米色布衣，圍著一條披肩，兩道眉毛中間塗著聖灰。他雖然打著赤腳，而且露出了一邊的肩膀，但似乎並不在意那寒冷的天氣。他的眼神炯炯，面容俊秀，留著一頭飄逸的黑色長髮，走起路來儀態敏捷優雅，而且渾身散發出一股氣勢，使他在那一群人當中顯得鶴立雞群。他的年紀約莫在五十歲左右，本身似乎也是一位上師。比起他身邊那些徒眾，他明顯地更有自信，甚至略帶傲慢，而那群人顯然也很敬重他。

我繼續走著，不久就沒看到那位上師的蹤影了。但過了幾個小時之後，當我抵達靠近山頂的那條河時，又在河邊看到了他。雖然歷經長途的跋涉，他看起來仍毫無倦容。

接著，我看到有一位和我們一同前來的「艾薩瑜伽」的志工過去找他，向他提到有關薩古魯和迪阿納靈伽（Dhyanalinga，薩古魯在印度南部興建的一座供人冥想的神殿）的事。結果那位瑜伽行者答道：「你為什麼要告訴我這些呢？我根本不在乎什麼上師或聖殿。你顯然看不出我是什麼人。告訴你，我就是溼婆！」那位艾薩志工聞言嚇了一跳，因為這話就像是在說：「我就是那終極的存在。」或「我是上帝」一般。

儘管如此，那位艾薩志工並未卻步，依舊繼續談著有關薩古魯的事。兩人便如此這般你一言我一語地激烈交鋒。那位瑜伽行者無論如何都不肯相信那位志工所說的話，極力想要把他打發走，並且再度大聲宣稱他本人就是溼婆。後來，那位志工說道：「如果你真是溼婆神，那你一定要見見我的上師。他很快就會來到這裡了。」但對方仍舊搖了搖頭，不為所動。

後來，兩人開始逐漸拉高了嗓門。過了一會兒之後，那位志工就放棄了。他轉個身，掉頭離去，而那位瑜伽行者和他的徒眾則繼續留在原地。過了一會兒之後，薩古魯本人終於到了。他穿著一件印度風的襯衫、一條健行長褲，腳踩一雙登山靴，臉上則戴著飛行員用的墨鏡，看起來很時髦，一點也不像個瑜伽行者。

然而，當那位打著赤腳、自稱是「溼婆」的瑜伽行者看到薩古魯時，一件令人驚訝的事發生了。原本極度自負、絲毫不把別人看在眼裡的他居然飛奔到薩古魯面前，趴在地上，向他頂禮。

就這樣，無論是狗兒、一般民眾、美國原住民的長老或者那位自稱「溼婆」的瑜伽行者，他們在看到薩古魯時，全都出現異乎尋常的反應。但儘管如此，薩古魯還是時刻保持低調，並且盡量讓他的弟子們能夠親近他，以免我們因為太過敬畏他而和他保持距離。

CHAPTER 7

第七章
第四夜：追溯前生

「人們都渴望自己的身體、

心智和能量能達到高峰。

瑜伽就是一種能幫助他們實現這個願望的技術。」

——薩古魯

散完步後，我鬆了一口氣（終於擺脫了那兩隻惡犬），但也開始餓腸轆轆。就連向來意志力堅強而且精力無窮的薩古魯似乎也想要吃點東西補充體力了。於是，黎拉便開始在廚房裡忙了起來，而我和薩古魯則閒適地坐在門廊上，享受著山間清涼的空氣和陣陣的微風。

我不時轉頭看一下正在屋裡做菜的黎拉。此刻，她已經紮起她那頭豐茂的黑髮。黃昏的餘光透過廚房的窗戶，照在她的臉龐上。不一會兒，她就輕輕鬆鬆做好了一頓豐盛美味的晚餐。我們三人一塊兒靜靜地吃著。我心中再次讚嘆一種味道溫和的香料加上另外一種氣味鮮明的香料後居然就創造出了層次如此豐富的菜餚，也很好奇黎拉如何能在短短的三十分鐘之內就譜寫出一首由不同的味道和香氣所組合而成的美妙樂章。

但除了黎拉的美食之外，我心裡還有別的事情：一如黎拉做菜的速度一般，我們在一起的時間也過得出奇地快。這幾天的光陰就在沉思默想與薩古魯那些振聾發聵的談話之間無情地溜走了。同樣地，今天也很快就會過去。儘管我努力享受每一刻的光陰，也希望它們能夠停駐得更久一些，但時間還是一轉眼就消失了。

午夜時，我們再度登船，解纜啟航，回到那座小島，繼續聆聽薩古魯講述他的前世今生以及瑜伽在他的人生旅程中所扮演的重要角色。當我們三人全都坐定在火堆旁後，我立刻開始發問：「薩古魯，今天早上你說瑜伽真的可以『加快一個人進化的速度』。你可以再說得詳細一點嗎？我知道這種情況確實發生在我身上，但為什麼會這樣呢？它是怎麼發生的？」

「有一個關於一隻毛毛蟲的美麗故事可以說明這一點。」薩古魯答道。「不知道你聽過沒有？」

「沒有，我好像沒聽過。」

「有一隻毛毛蟲一直相信牠之所以出生，只是為了要吃飯、睡覺並且像其他的毛毛蟲那樣過日子。不過，牠始終有些焦躁不安，活得並不快樂，而且總覺得生活中少了一些什麼。不知怎地，牠意識到生命中還有一個牠未曾體驗過的面向。

有一天，牠突然產生了一種連牠自己也說不出來的奇特渴望，於是原本躁動不安的牠逐漸停止了移動，也不再發出任何聲音。接著，牠便把自己倒掛在一根樹枝上，開始織呀織地，織成了一個繭，把自己包在裡面。牠待在繭裡，雖然不能自由活動，也不太舒服，卻一直保持覺察，並耐心等待著。最後，牠的等待終於有了結果。當那繭猛然裂開時，看哪！牠已經不再是那條把自己包裹在黑暗的繭裡面的卑微毛毛蟲，而是一隻有著翅膀、顏色斑斕、光彩照人的蝴蝶。牠開始四處飛翔，自由自在，不再受到毛毛蟲生活的束縛。牠已經轉化了，成了一個輕盈如風、神奇而美麗的生命。

「牠一旦轉化成蝴蝶，就不可能再回去當一條毛毛蟲了。牠待在繭裡時，已經和牠內在生命合一了。透過牠的身體與內在神性的結合，牠觸及了牠的終極本性。」說到這裡，薩古魯略微停頓了一下，眼裡炯炯發亮。接著，他又說道：「可以說：瑜伽就是那個繭裡面所發生的事。」

他停頓了一會兒之後又繼續說道：「談到這裡，我必須說我最近聽到了一件讓我覺得很有趣的事：有一位頂尖的神經科學家告訴我，人們能夠在二十四小時之內完全更新我們大腦裡面的線路，也就是說：我們只要花不到一天的時間就能改變生命的基本要素。他還說：當我們的脊椎挺直、身體靜止不動時，大腦神經元的活動可以達到最高點。這一點我們在千百年前就已經知道了！」

接著，薩古魯又問我是否曾經聽說印度有一些研究人員找了一群上過「艾薩瑜伽」的「內在工程」課程並且已經練習相關技巧達三個月以上的人士，然後再用儀器掃描他們的大腦。

我確實聽說過這件事，於是便點了點頭。

然後，薩古魯便說：結果那些科學家發現，那些練過「艾薩瑜伽」的人，他們左右腦的協調度高得驚人。「雪柔，這意味著你將來會有多一點的腦子可用。他們都說一般人通常只用了自己大腦的百分之十二，但根據我和他們接觸的經驗，我不相信他們用得有這麼多。」說著，他便呵呵地笑了起來。他的笑聲很有感染力。

接著，他繼續說道：「瑜伽是讓你能夠擺脫限制的一種方式。它可以幫助人們轉化、解脫，使他們得以進入自由自在、遼闊無垠的狀態。要知道，人和動物不同，不光是活著就好，還要不斷發展。人是會改變的。你必須不斷成長，讓自己逐漸成為你想要的模樣。人要進化，就必須覺察自身所受到的限制，並努力超越這些限制。我們每一個人都有這樣的潛能。瑜伽就是讓你能發現自己最高潛能的一種方式。在特定的時候，瑜伽意味著：『在靈性上與那絕對的存有合而為一』的狀態。學習瑜伽的目標就是讓我們自己在活著的時候能夠得到解脫。那是最崇高的經驗，也就是個人與宇宙融合的狀態。」

這話聽起來雖然很能激勵人心，也讓人覺得未來充滿了可能性，但我還是不免懷疑自己是否真的有可能達到這樣超脫的境界。儘管我已經有了一些顯著的轉變，但我仍舊不確定自己是否真的能夠在今生開悟。事實上，我還是不明白修習瑜伽在這方面究竟扮演了多重要的角色。我知道瑜伽不僅能影響我們的身體、心智和能量，也能讓我們變得更加靈敏，所以它能幫助我們開悟，但除了瑜伽之外，想必還有別的因素。薩古魯所教導的瑜伽有一部分和我之前所學的相似，只是他以一種全新的方式加以組合。然而，儘管他在前世長年修習瑜伽，在這方面也極有成就，但當時他卻一直沒有開悟。原因為何，令人費解。我知道練習瑜伽確實已經對我產生了作用，但或許我無法憑著自己的努力開悟，還需要有其他的助緣才行。我經常聽到薩古魯說：「你必須把你自己放到一旁。」

或許我能夠在薩古魯自己的故事裡找到答案。由於我對他今生何以會開始修習瑜伽仍然感到好奇，於是便問他：「這一世曾經有人教你做瑜伽嗎？」

「有的。我十一歲的時候，就向一個瑜伽行者學習瑜伽。他當時已經七十八歲了，但一點也不顯老，並且始終都很活躍，直到一百零八歲時才過世。他曾經是我那位偉大上師的門徒。他之所以前來，是為了提示我：我那位上師想要建造一個永恆的能量體，只是我當時並不知道。他教了我幾個非常簡單的瑜伽姿勢之後，我便自然而然地開始每天練習了，而且一直足足練了十三年。我之所以說『自然而然地開始』，是因為當時我並沒有刻意要練，但就是自然而然地開始了，而且沒有一天中斷。這使得我無論面對任何一種情況，身心都能夠保持強健穩定。我記得當時，我無論人在哪裡，每天都一定會做瑜伽，沒有一天例外。從此，我就踏上了這條不歸路。我的人生也快速地從一個高峰進展到另一個高峰。」

「這位瑜伽老師是誰？」我問。

「他名叫馬拉迪哈利．史瓦米（Malladihalli Swami）。」

「他是個什麼樣的人？」

「他是個很不可思議的人物，他除了練瑜伽、從事健身運動，也擅長各種武術。除此之外，他還是個很了不起的阿育吠陀醫生，會運用古代的醫術為人治病。他只要為病人把一下脈，就能診斷他們罹患了什麼樣的疾病，而且他不但能告知你目前的身體狀況，還能預測你在未來的十五年間會得到什麼樣的疾病，並告訴你要如何預防、改善。

「當時，他經常造訪我外公外婆居住的那座小鎮，並且在他們家紮營。我外公外婆住的房子很大，光是房子本身幾乎就有一英畝，後院還有一口很大的井。」

「『很大的井』？這是什麼意思？」在我的印象中，我似乎不曾在印度看過什麼很大的井。

「所有老房子的後院都有一口井。我外公外婆家的那一口井直徑約八英尺，深度大概是一百五十英尺。夏天時，井水大約有六、七十英尺深。小時候我們常玩的一個遊戲是：先跳進井裡，然後再爬出來。你知道，要從井裡爬出來是一個很大的挑戰，因為井裡沒有階梯，你得抓住井壁上的石頭，像蜘蛛一樣爬呀爬的，才能爬上來。

「跳進井裡的時候，一不小心，腦袋就會撞到井壁，弄得腦漿四濺。而我們就不斷跳進去、爬出來，跳進去，再爬出來，但也只有幾個男生有這種本事。有一天，一個七十幾歲的老先生走了過來，看著我們，然後一下就跳到井裡去了，而且他爬出來的速度比我還快。這讓我情何以堪呢？因為這個男人不但年紀大，而且在我看起來根本老到不行。於是，我就問他：『你是怎麼辦到的？』

「他對我說：『你來我這兒做瑜伽。』這就是我這一世之所以會接觸到瑜伽的緣由。

「史瓦米是一個很讓人匪夷所思的人物。他的生活方式非常特別，一個星期有六天都在外頭走動，只有一天會待在他靜修的地方，而且持續九十年都是如此。每個星期一早上，他都會待在他的靜修處，用阿育吠陀療法為人治病。當天，他凌晨三點半或四點就會起床，開始為人看病，直到晚上八點鐘為止，而且一坐下去就不起來了，連飯也不吃、廁所也不上，什麼都不做。

「前來幫忙他的志工都是分批輪班，但他自己卻一連十八個小時都坐在那兒，而且還會講笑話給每一個上門的病患聽。他們之間的關係一點也不像醫生和病人，反而有些過節的氣氛。大多數人到了他面前甚至會忘記自己是個病人。

「星期一過後，他就會出門旅行，其中大多數的時間都是在授課、示範教學和募款。他雖然是個瑜伽行者，但並不忌諱錢財，甚至還會花很多時間募款，因為當時他撫養了三千個貧困的小孩，要供他們吃飯和上學。你也知道，光是讓一個孩子能填飽肚子、有學校可上就不容易了，更何況是三千個！

「我跟著他做了六、七年的瑜伽後，就經常和其他幾個男孩去找他摔角。當時，我已經在健身房鍛鍊了好一陣子，每天還慢跑十二公里以上，所以肌肉非常結實，體格也很健壯。雖然我的力氣不像其他幾個男孩那麼大，但我的動作非常敏捷，甚至還能抓得到蛇，即使是一條已經被激怒、開始要發動攻擊的眼鏡蛇，我也可以手到擒來，而且是赤手空拳地抓，不用棍子，也不用其他東西。即使到了這把年紀，我還是有這個能力。總而言之，當時我雖然身手俐落，但每次和史瓦米摔角時，我都奈何不了，都被他打得落花流水。

「為了扳回一城，我和其他兩個男生開始聯手對付他。你想想看，他當時已經是個八十幾歲的老人了，但每次對上他的時候，我們這三個年輕力壯、身手敏捷的男生全都撐不了一分鐘。事實上，他只要花幾秒鐘的時間就可以把我們三個全都壓倒在地，而且我們沒有一次撐過一分鐘。所以，後來我們經常和他開玩笑，問他什麼時候才會死。我們經常對他說：『看你這個樣子，你到底什麼時候才會死呢？照目前的情況看來，我們三個應該都會比你早死。你到底什麼時候才會掛點呀？』

「這時，他會自信滿滿地答道：『我還得再工作個四十年。等我把所有工作都做完了才能走。』簡直就是個超人了！而且看他那個樣子，似乎真的可以再活個四十年。不過，後來他在一百零八歲的時候就過世了。

「我舉個例子給你聽，你就會知道他過著多麼不可思議的生活，而且又是多麼忠於他的工作。在他大約八十歲那一年，有一天晚上，他到火車站去搭車。那天正好是星期天。通常無論他星期天人在哪裡，都會在星期一上午之前趕回他的靜修處去幫病人看診。

「那天晚上，他要從一個名叫「阿爾西凱雷」（Arasikere）的小鎮搭車回去。那裡距離他的靜修處大概七十公里（相當於四十三英里）的路程。不幸的是，當天晚上鐵路人員剛好罷工，所以沒有火車可搭，而他也沒有其他交通工具可以搭回他的靜修處。於是，他立刻丟下當時和他在一起的兩個同伴，二話不說便從月台跳到鐵軌上，開始沿著鐵軌一路地跑。那天晚上，他整整跑了七十公里，最後終於在星期一清晨抵達了他的靜修處，開始為病人看診。靜修處裡的那些人並不知道他是如何回來的，直到後來才抵達的另外兩個人告訴他們：『史瓦米沿著鐵軌跑走了！』他們才知道這件事。

「在他一百零八歲那年的某一天，他在邁索爾（Mysore）授課時，突然倒在講台上，原因據說是心臟病發作。我們不知道當時的情況有多嚴重，但是據說他們把他送進醫院時，他已經昏迷了。

「後來，他們把他送進二樓的加護病房。到了半夜時，他醒過來了，看到自己身上插了那麼多管子和針頭，就很受不了，因為他這一生從來都沒有住過醫院。於是，他就把它們通通拔掉，然後跳窗逃走了。想想看，一個一百零八歲的老人居然從二樓的窗戶跳下去跑走了！三個月後，他就過世了。他真是個傳奇性的人物。

「不過，你如果在他還是個八、九歲的小孩時看到他，絕對看不出他以後會變成這個樣子。他小時候長年受氣喘的毛病所苦，因此他的父母親都認為他一定會很短命。當時，他發育得不是很好，個子很矮小。因此，當他的父母親聽說有一個了不起的瑜伽行者來到他們那兒時，他們就去找他，把這個孩子託付給他，請他『想想辦法』。那位瑜伽行者出於憐憫之心便答應了。此後，史瓦米就和這位瑜伽行者一起生活了好幾年，被他撫養長大，並且在他的照顧下，有了驚人的成長。」

聽著薩古魯講述這個故事，我心中又浮現了一個問號。既然瑜伽有這麼多好處，他為什麼會認為他在溼婆瑜伽行者那一世所修習的瑜伽並不算什麼呢？

「薩古魯，昨天晚上你告訴我們溼婆瑜伽行者所修習的瑜伽對你來說並不重要。這是什麼道理呢？我的意思是，它不是已經對你產生了作用嗎？」

薩古魯沉吟片刻之後便說道：「在某種程度上它確實有用，但如果你追求的是終極的開悟，那麼它還是沒有什麼用。除了開悟之外，其他任何事情都不重要。試問，你是想要親近上帝，還是只想收到祂給的禮物？溼婆瑜伽行者已經有能力把他的能量提升到他的第三眼，也就是眉心輪，但他還是無法開悟，因此他終其一生都沒有得到他想要的東西。」

我曾聽過一些有關薩古魯的前一世（也就是他身為溼婆瑜伽行者之後的那一世）的故事。之所以會有那麼多關於那一世的故事在流傳，是因為那是最近的一世，和薩古魯的今生特別有關聯。有些人甚至還記得他們前世曾經和他在一起。據說，他當時也是一位名叫「薩古魯」的上師，全名是「薩古魯·雪瑞·布拉瑪」（Sadhguru Shri Brahma），而且他精通所有的脈輪（即能量系統）。但我不知道這些事情具有什麼意義。

「脈輪在這方面扮演什麼樣的角色呢？」我問。根據我所看過的資料，我知道人體有七個主要的脈輪，而且它們是人體的能量中心，但除此之外，我對它們毫不了解，不知道它們在幫助我們開悟方面扮演了什麼樣的角色，更不知道它們會對我們產生什麼作用或影響。

聽到這個問題，薩古魯的眼神一亮，說話的語調也變得熱切起來（他在談到若干主題時往往會這樣）。我想到我有一次曾經前往距「艾薩瑜伽」的靜修中心不遠處的孔巴托市（Coimbatore），去造訪薩古魯·雪瑞·布拉瑪的靜修處。我發現，那裡雖然空間狹小而且沒有維護得很好，卻具有一股令人難以抗拒的強大能量。我對這類事物向來都不是很敏感，但現在，我只要一想到那個地方，背脊上似乎就有一股電流一股腦兒往上竄。

這時，薩古魯的聲音打斷了我的遐想。他開始回答我的問題了。

「所謂的『脈輪』就是人體的能量中樞。大多數人都以為人體有七個脈輪，但其實一共有一百一十四個。

「人體是一個複雜的能量體，只是你或許還沒意識到這點。除了脈輪之外，人體還有七萬兩千條神經脈（nadi）。這些神經脈是生命能量流動的管道。它們在人體內的幾個點會合，形成一個三角形。這個三角形便是我們所說的『脈輪』。我們之所以稱它為脈輪，是因為它象徵成長、活力與行動，就像一個輪子一樣。因此，雖然它是個三角形，我們還是稱它為『脈輪』。有些脈輪具有很強大的作用，有些則沒有這麼強大。它們所在的高度各不相同，所造成的特質也不一樣。

「基本上，所有的靈性追尋都可說是一趟從『根輪』邁向『頂輪』的過程。根輪位於脊椎底部，也被稱為Muladhara chakra。頂輪則位於頭頂，也被稱為Sahasrara chakra。人體的七個脈輪分別是根輪、腹輪、臍輪、心輪、喉輪、眉心輪和頂輪。

「從根輪往頂輪移動就是從一個維度邁向另一個維度的過程。有許多方法都可以達到這個目標，其中包括各個派別的瑜伽。基本上，你可以說所有的靈性追尋都是從最低脈輪邁向最高脈輪的旅程。根輪的『根』字，意思就是根本的，是基礎所在。它是生命的支柱，也是生命的基礎。它的位置就在你的脊椎底部。如果根輪不活躍，你就無法生存，但即使你的頂輪不活躍，還是可以活得下去。

「實際上，根輪的印度名稱『Muladhara』是由兩個詞語所組成的。Moola 意味著『根』或『源頭』，adhar 則是『基礎』的意思。因此它是生命的根基。你的身體能量必須有一部分位於根輪，否則就無法生存。但如果你的身體完全被根輪支配，那麼你的生活就只有吃飯和睡覺而已。

「我們可以用『較高的』、『較低的』這類字眼來指稱不同的脈輪，但是這種說法很容易引起誤解，而且確實也經常造成誤解。事實上，所謂『較高的脈輪』和『較低的脈輪』就像是一棟建築的地基和屋頂一樣。屋頂並不比地基高尚。事實上，比起屋頂，地基才是一棟建築的根本所在。這棟建築的品質、壽命、穩定性和安全性有很大一部分取決於它的地基，而非屋頂。但從語言的角度來說，屋頂比較高，地基則比較低。

「第二個脈輪叫做『腹輪』。如果你的能量進入了腹輪，就會去追求各種感官的享受。腹輪的位置在生殖器官的上方。當這個脈輪很活躍時，人們就會以各種方式追求物質上的快樂。如果你看著一個追求感官享受的人，就會發現他的生命和生活體驗的強度只比那些僅僅在意吃飯和睡覺的人更高一些。

「如果你的能量進入了臍輪，你就是一個行動派。你一心一意想要做事，也能夠做很多事情，而且一天到晚忙個不停。如果你的能量進入了心輪，你就會很有創意，是一個充滿創造力的人，有可能會成為一個藝術家、演員或一個對生活充滿熱情的人，而且會比一個行動派的人（例如一個企業家）活得更熱烈。

「心輪的梵文是Anahata，意思就是『無須敲擊』（un-struck）。如果你想製造出任何一種聲音，就必須用兩個物體互相敲擊。那不用敲擊所發出的聲音就叫Anahata。心輪是你從『想要存活』進化到『想要解脫』的過渡期。它位於心臟一帶。人體最下方的三個脈輪主要與肉體的生存有關，最上方的三個脈輪則與開悟有關。心輪則是兩者會合之處，把它們結合在一起。

「喉輪的梵文是Vishuddhi，意思就是『過濾器』。它位於喉嚨一帶。如果你的能量進入了喉輪，就會成為一個非常有影響力的人。但這個影響力不只限於政治或管理方面，也包括其他許多方面。當這種影響力大到一個程度時，你只要坐在那兒，一切事情都會按照你的心意完成。到了這個層級，一個人就能夠超越時空的限制顯化生命了。

「如果你的能量進入了位於兩道眉毛之間的眉心輪，你的頭腦就會很清明，內在也達到了平衡，心境穩定而安詳。這時，你不會再被外在的一切所擾亂，但仍未嘗到解脫的滋味。

「如果你的能量進入了頂輪，你會進入一種莫名其妙的狂喜狀態，會毫無來由的欣喜若狂。

「這七個脈輪都有兩個面向。其中一個面向是肉體，另一個則是靈性。因此這七個脈輪都可以被轉化，進入一個完全不同的面向。比方說，如果你有正確的覺知，則原本只在意吃飯和睡覺的根輪會讓一個人完全不需要吃飯和睡覺。如果一個人想要超越他對食物和睡眠的需求，就要讓他的根輪得以進化。

「如果你想從根輪進展到眉心輪，必須經過許多程序，使用許多方法來提升自己的能量。但世上沒有一種方法可以讓你從眉心輪進展到頂輪。你只能用跳的。從某種意義上來說，你必須往上墜落。也就是說，你無法一步一步達到頂輪的境界，因為你根本不可能做得到。所以，各個靈修宗派才會強調上師在人們的開悟上所扮演的重要角色。你只有在已經徹底發瘋的狀態下才有可能會跳進一個你不知道究竟有多深的深淵。要不就是你對某個人深信不疑，願意在他面前做任何事情。大多數人都不屬於這兩者，因此他們到了眉心輪之後就卡住了，無法再往上提升。在這種狀態下，他們頂多只能嘗到平靜的滋味。也正因此，才會有許多人說平靜是一個人所能達到的最高境界。」

「薩古魯，這和昆達里尼（kundalini）有什麼關係？」我問。

「你的內在最根本的能量就叫做『昆達里尼』。要滿足我們生存的需求，只需要一丁點能量就夠了。我們內在的能量大多數都沒有被開發或喚醒。我們把這股能量稱為『昆達里尼』。它的象徵符號是一條盤起來的蛇。

「之所以用蛇來作為『昆達里尼』的象徵，是因為當蛇靜止下來時，牠是紋絲不動的。你只有在牠開始移動時，才會發現牠的存在。這是蛇的本質。所以，我們才會用一條盤繞的蛇來代表『昆達里尼』，因為這股巨大的能量一直都存在於你的體內，但你絕不會意識到它就在那兒，直到它開始動起來為止。這股能量一旦被喚醒了，就會對你產生許多影響。」

我從薩古魯那兒學到的瑜伽招式，其目的就是要讓這股能量開始動起來，它們也確實對我的健康造成了影響。我在開始學習瑜伽之前曾經做過一次血液檢查，學習瑜伽一段時間之後又做了一次，兩者的結果有著天壤之別，連我的醫生都嚇了一跳。除此之外，我還發現：在學習瑜伽後，所有的事物看起來都遠比以前更鮮活，彷彿我能感知到其中更深層的東西，而且每一件事物都充滿了活潑的能量。無論是在喜馬拉雅山上的聖地或在日常生活中，我都感受到了這樣的變化。感覺上，萬事萬物都變得更清晰、更有生氣。

薩古魯繼續說道：「**在瑜伽文化中，有一些很有系統地方法可以幫助人們開發這股能量。當你的能量開始動起來時，可能會覺得難以置信。你會開始做出一些很厲害的事情。它會成為你內在一股巨大的力量。因此，如果這個『昆達里尼』進入你身體的各個脈輪，將會對你生命的各個方面都造成許多影響……**」

薩古魯說完，便沉默下來，彷彿覺得他已經講得夠多了。我意識到現在該換個話題了，於是過了一會兒之後，我便問道：「溼婆瑜伽行者後來怎樣了呢？」

薩古魯聞言答道：「溼婆瑜伽行者雖然接觸過各種內在修煉的技巧和方法，造詣也很高，但他在達到眉心輪的層級後，就無法再往上提升了。也就是說，他雖然做了這麼多努力，還是無法開悟。後來，他見到了一位了不起的上師，並且當下就看出此人已經達到了最高的意識層級。

「在此之前，他一直找不到一位可以帶領他開悟的上師。他雖然遇過許多已經處於很高意識層級的人，但他始終不願意追隨他們，因為他一心一意想要得到溼婆的指引。他認為，溼婆是眾所公認位階最高的神，因此在他心目中，除了溼婆之外，沒有人夠格擔任他的上師。

「對溼婆瑜伽行者來說，溼婆就等同上帝。唯有溼婆現身，他才願意追隨。否則他寧可繼續他的內在修煉。然而，當他見到這位了不起的上師並且看出他已經處於最高的意識層級時，他就心甘情願地追隨他了。

「儘管如此，他內心還是有一些抗拒，因為他只有對溼婆才能完全敞開。那位上師是一個已經開悟的瑜伽行者。他看到溼婆瑜伽行者如此熱切地尋求，也看到他百般努力卻仍然無法超越眉心輪的無奈，對他甚為憐憫，於是便用手杖輕輕地在『溼婆瑜伽行者』的眉心上敲了一下。

「這一敲，溼婆瑜伽行者便與他的終極本性合一了。但他內心仍有一種孩童般的渴望，想要見溼婆一面。於是這位了不起的上師便出於慈悲，化身為溼婆，滿足了他的需求。不過，他們兩人實際接觸的時間非常短暫，而且此後未再相遇，而是以另一種方式保持聯繫。

「那位偉大的上師一直有個心願，想要建造一個巨大的能量體（『靈伽』），以幫助人們在靈性上得以順利地轉化，讓那些想要提升自己意識的人可以隨時接觸到這個能量體。這是他送給世人的一份禮物。不知道為什麼，他認為溼婆瑜伽行者是一個合適的人選，能夠幫助他完成這個心願。於是，他在離開他的身體時，就把這個永恆能量體的樣子傳送到溼婆瑜伽行者的腦海中，將這個任務交付給他，但他並沒有訴諸語言，只是讓溼婆瑜伽行者明白這項工作的必要性，並將相關的科技傳送給他。

「於是，溼婆瑜伽行者立刻開始著手執行這項任務。但由於諸多因素的影響，他在那一世並未能夠完成他的上師所交代的使命，於他後來又轉世了兩次，以便繼續建造這個神聖能量體，藉此報答上師對他的恩情。」

薩古魯指出，一個人在開悟後通常就不再陷入生死的循環。但為了建造這個後來被稱為「迪阿納靈伽」的永恆能量體，溼婆瑜伽行者做了一個罕見的抉擇，決定再次投胎轉世，繼續留在人間。

我問薩古魯為何世上開悟的人這麼少。他說，大多數人都是在離開軀殼時才會開悟。我曾經在書上讀到：就連佛陀在悟道之後也選擇在離世後不再回到人間。他覺醒後，寫了以下這首詩：

經多生輪迴，尋求造屋者，
但未得見之，痛苦再再生。
已見造屋者！不再造於屋。
椽桷皆毀壞，棟梁亦摧折。
我既證無為，一切愛盡滅。

接著，他又想：「我已臻於未有之境，確得解脫。這將是我最後一世，從此不再回復人身。」

當我正思索著「不認同自己的身體和性格」究竟是什麼意思、「解脫」又代表什麼時，突然想到溼婆瑜伽行者那位了不起的上師，並且感覺好像有哪裡說不通。接著，我想到薩古魯之前在談論他今生的瑜伽老師時，也曾經提到這位上師。我不明白為什麼薩古魯前世的上師同時也是馬拉迪．哈利．史瓦米今生的上師。於是，我便問薩古魯：「你的意思是說：在兩世之前讓你開悟的那位上師就是你的瑜伽老師今生的上師？」

「是的，我們兩人的上師是同一位。」薩古魯答道。

「這怎麼可能呢？」我問。

「事實上，我那位了不起的上師活了一百五、六十歲。」薩古魯說道。

我之前聽說過許多關於瑜伽行者的驚人事蹟，例如他們當中有些人可以活到幾百歲等等，但從沒想過他們真的可以活這麼久。我也記得我曾在尤迦南達的《一個瑜伽行者的自傳》這本書中看過類似的事情。我雖自認還算是個開明人士，但對這類傳說向來存疑，認為那些都只是象徵性的說法，並非事實，直到現在……

「你們兩人居然有同一個上師。這一定不是偶然。」我說。

薩古魯笑了起來：「沒錯！這就像是在買保險一樣。」

「你的意思是說：因為你的上師希望『迪阿納靈伽』真的能夠被建造出來，所以他今生就設法進入了你的生命？那怎麼可能呢？」

「雪柔，當你的意識不再認同你的身體和心智時，有許多事情都可能會發生。有許多看起來像是『奇蹟』的事情都有可能會實現。」

「可是，薩古魯，世上怎麼可能會有奇蹟呢？」

「那我們應該先問：什麼叫做奇蹟？」薩古魯答道。「事實上，所謂的『奇蹟』向來都合乎自然法則，只是你目前還無法察覺到那些法則罷了。『奇蹟』指的是一件事情確確實實地發生了，你卻不明白它是如何發生的。你看到了結果，但看不到過程。

「有的人確實能感知到我們所感知不到的東西，做出我們無法做到的事情。這個現象真的那麼難以理解嗎？事實上，就連動物的感知能力都和人類不同。海嘯來襲時，所有的動物都會跑到高處去。牠們能感知人類所感知不到的東西。

「如果你對電學一竅不通，或者不知道電流究竟如何使燈泡發光，那麼當你看到一只手電筒時，會覺得它只不過是一塊金屬罷了。如果我告訴你這個東西會發光，你會相信嗎？你不會的。但如果我打開了手電筒，讓這地方大放光明，你就會認為那是個『奇蹟』了。你甚至可能會以為我是上帝的使者、上帝的兒子甚至是上帝本身。同樣地，我身邊的人所描述那些發生在他們身上的改變也不是什麼奇蹟，只是他們不明白其中的原理罷了。生命有許多不同的面向，並非只有物質而已。對那些完全生活在物質世界、只了解物質世界的人來說，物質世界以外所發生的事情都是奇蹟。

「所謂的『奇蹟』有可能以各種不同的形式發生。你出生時身體那麼小，現在卻變得那麼大。喔，對不起！」他微笑著說道。「我不是在說你胖！我的意思是：這樣的成長發生在你的內在。你的身體是從內在創造出來的。你用你所吃的食物供給它原料，但那創造的過程是發生在你體內的。

「創造的源頭——也就是那創造者——就在你的體內。如果製造這具身軀的人就在你的內部，那麼當它需要修理時，你會去找那位製造者還是本地的修理師傅？

「我已經把那位製造者介紹給你了，所以那些奇蹟都不干我的事。我向來不喜歡強調奇蹟，因為我不希望人們是為了奇蹟而來。我希望他們來的目的是想要追求開悟與解脫。

「迪阿納靈伽體現了內在能量的最高形式。至於它如何幫助人們提升意識，這就很難解釋了。可能要到好幾百年之後，世人才會明白它真正地價值。從前也有幾位瑜伽行者嘗試要建造一座迪阿納靈伽，因為這是印度從前有過的東西，只是已經失傳好幾百年了。」

薩古魯說完便不再作聲，彷彿進入了另外一個世界，因此我也就不便再繼續追問。眼見火堆裡的火苗已經快要熄滅了，我便往裡頭添加了幾根木柴。此時，黎拉似乎已經進入了冥想狀態。每當薩古魯進入了某種境界，她經常會如此，彷彿不想錯過任何一個能夠分享他的能量的機會。

過了一會兒之後，我終於鼓起勇氣問道：「薩古魯，靈伽究竟是什麼東西？在遇到你之前，我從來沒聽說過這個東西。」

薩古魯一如以往般耐心地解說道：「在梵文中，『靈伽』（linga）這個字指的是『形體』。任何一種形體或符號都可以稱為『靈伽』。它象徵著解脫自在、浩瀚無垠的境界。自古以來，世上有許多地方的人都會自然而然地透過各種符號來表達宗教和哲學上的概念。靈伽是一個橢圓體，而橢圓體是宇宙間最早出現的形體。如果一個人在生前能把自己的能量提升到最高的程度，那麼這股能量所呈現出來的最終形式也會是一個橢圓體，也就是『靈伽』。連天文學家伽利略都曾經說過宇宙是橢圓形的。宇宙形成時，最初的模樣就是一個橢圓體。靈伽可以是一個自然形成的物體，例如一塊石頭，也可以是人工創造出來的。靈伽的形狀使它得以把能量永久地儲存起來，而且大多數靈伽都是透過念誦經文的方式來賦予能量。」

在談到靈伽時，薩古魯變得判若兩人，整個人似乎膨脹了起來，顯得高大如山，渾身散發著古老而永恆的靈性光輝。看著他，我感覺就像是在仰視一座雄偉壯闊、氣勢磅礡的高山，整個人都被震懾住了，險些透不過氣來，不由得想要後退一步。每逢這樣的時刻，他總是給人一種神聖不可侵犯的感覺，使我本能地想要和他保持距離。事實上，他在上進階課程的時候，往往都是這副模樣。我和我的朋友們經常談到：在那些時候，他就像是脫下一件外套一般，變了一個人，顯得巨大無比，不同於我之前所遇過的任何一個人。但在其他時候，他又很和藹可親。我想這是因為他很仁慈，不希望我們在他身邊感到不自在，所以才把他的自我隱藏起來。但在像現在這樣的時刻，他真正地面目就顯露出來了。

薩古魯所建造的這座「迪阿納靈伽」位於他在印度的靜修處。據目睹建造過程的人表示，當時那裡曾經發生過許許多多離奇古怪的事情（他們看到並聽到過各式各樣令人難以置信的影像與聲音）。這座靈伽是被包覆在一個橢圓構造物中的能量體，被供奉在一座美麗的圓頂建築中。那便是所謂的「迪阿納靈伽神殿」，是一個很適合靜坐冥想的地方。但無論我看過多少相關的資料，問過什麼人，我還是無法理解這座靈伽的意涵。我想聽聽薩古魯怎麼說。

「迪阿那靈伽究竟是什麼東西？它的運作原理是什麼？關於這點，是否有一個合乎邏輯的解釋？」我問。

「迪阿納靈伽是一個很厲害的工具，可以幫助人得到轉化。但人們通常無法看出它的潛能和價值。它是神性顯現的最高形式，能夠讓你的七個脈輪都充分地運作。坐在迪阿納靈伽前面，就像是坐在一個活生生的上師面前，卻絲毫不會感到迷惑。一直以來，要把迪阿納靈伽加以聖化，都會出現一些問題，因為要把能量灌注在一個形體中必須經過既複雜又困難的過程。」

我還沒到印度去體驗迪阿納靈伽之前，一直認為所謂的「能量體」只是「新時代運動」的噱頭，或是人們想像中的產物。事實上，如果是別人（而非薩古魯）告訴我，我是絕對不會相信的，因為我不認為世上真的有這種東西。有一次，我甚至告訴薩古魯我不相信世上有所謂的「能量體」存在。當時，他睜大了眼睛看著我，問道：「為什麼呢？你自己就是一個能量體呀！」

直到我親身體驗之後，才明白迪阿納靈伽確實具有強大的能量。我第一次在迪阿納靈伽靜坐時，就很享受置身於其中的感覺。那是一個很美的地方，而且不知怎地有一種很深沉的氛圍，很適合靜坐冥想，但除此之外，我並沒有什麼感覺。直到去了幾次之後，我才開始明顯地感受到那裡的能量。我向來不是個很會冥想的人，所以有一次，當我冥想完畢，看了看手錶，發現已經過了好幾個鐘頭時，簡直震驚極了。這時，我才真的開始好奇靈伽究竟是什麼樣的東西，怎麼會有這樣的效果？我明明只在那裡待了幾分鐘，但怎麼一晃眼就天黑了，而且幾個鐘頭的時間就這樣消逝了。到現在我還是不明白其中的道理。然而，我待在薩古魯的身邊愈久，類似的經驗越多，就越發相信那是因為我們在他的幫助下接觸到了另外一個維度，一個大多數人都不知道，更不曾接觸的維度。

眼看營火已經逐漸變弱，黎拉便起身拿了幾根木柴丟了進去，不久，火堆上便劈里啪啦冒出了許多火星子，四處飛濺。黎拉再度坐下後，我轉過頭去，看著正在凝視天空、神色安詳的薩古魯。

「薩古魯，你可不可以再多說一些？剛才你講到溼婆瑜伽行者開悟後負起了建造迪阿納靈伽的使命。後來呢？」

「溼婆瑜伽行者在接下這項重大的任務之後，立刻著手進行。但是當他開始各項籌備工作時，才發現建造迪阿納靈伽的時機尚未成熟，於是便花了幾年的時間奠定必要的基礎，然後就蛻下了他的軀殼，以便在適當的時機以更年輕的肉身返回人間。後來，薩古魯．雪瑞．布拉瑪就在印度南部的坦米爾納德邦（Tamil Nadu）誕生了。

「當薩古魯．雪瑞．布拉瑪發現那位偉大的上師（他生命中的明燈）刻意在維靈吉瑞的白色山脈（the White Mountains of Velliangiri）蛻下他的肉身之後，便開始努力，要在那裡的山腳下建造並聖化迪阿納靈伽。

「由於薩古魯．雪瑞．布拉瑪轉世的唯一目的就是要建造這個永恆的能量體，於是他便懷著滿腔熱血，積極地進行這項大業。當他發現這項工作規模極其龐大，如果沒有社會大眾的支持，絕對無法完成時，便開始在維靈吉瑞山脈所在的坦米爾納德邦建立了七十個各式各樣的機構，包括學校、孤兒院和靜修處等等。

「同時，他也開始訓練一批經過精挑細選的門徒，為聖化迪阿納靈伽的工作預做準備。但這個看似神祕的舉動引發了當地幾個權貴家族的反彈。在他們阻撓下，薩古魯愈來愈難以推動他的工作。當那批人開始迫害他的門徒時，他再次意識到他今生可能無法完成他的上師的心願。他原本打算在迪阿納靈伽建造完成後立刻辭世，並因此為自己設定了四十二年的壽命，這是因為：他為了建造迪阿納靈伽，必須夙夜匪懈，不斷地燃燒自己，因此他的生命能量只能支撐四十二年。既然離世的時間已定，又遇到來自社會的阻力，他知道他的大業已經岌岌可危了。

「薩古魯雖然是個能力高強、很有造詣的瑜伽行者，但是隨著時間一點一滴流逝，他心中還是逐漸產生了一股莫名的怒氣，因為他愈來愈清楚他這一生勢將無法完成上師托付給他的神聖使命了。他懷著滿腔怒火，帶著一個門徒，不眠不休地飛奔了六百多公里路，到了位於安得拉邦（Andhra Pradesh）丘德達帕縣（Kadapa）的索馬許沃神殿（Someshwar Temple），因為那裡是他的上師曾經待過的地方。他要回歸他的懷抱。

「他在那裡花了幾個月的時間擬定了一項縝密的計畫，準備讓他自己和幾個門徒一起轉世。他不僅安排了每個人出生的地方和家庭，甚至還刻意讓他們投胎到那些曾經阻撓他的計畫的家庭中。

「他擬定這項神祕而詳盡的計畫後，便徒步回到孔巴托，在那裡和他的弟子們共同生活了一段時間。之後，他便再次（也是最後一次）登上那神聖的維靈吉瑞山。在他心目中，這座山乃是一座雄偉的聖殿，因為他的上師不僅曾經在那裡停留，後來也在那裡蛻下肉身。離開孔巴托時，他向他的弟子們告別，並且堅定地表示：『我還會回來！』到了維靈吉瑞山後，他花了一天半的時間做準備，而後便以一種極其罕見的方式——透過七個脈輪——離開了他的身體。這顯示他完全有資格建造那永恆的能量體，之所以遲遲未能完成，純粹是因為他無法處理周遭那些人為因素。

「當薩古魯再度返回人間，並想起自己肩負了建造迪阿納靈伽的使命時，他便決定在努力、認真地推動這項工作之餘，也要加強與社會大眾的互動。」

薩古魯說到這兒，便陷入了沉默。這時，我才發現我們已經在這座小島上待了好幾個小時。就像我先前在迪阿納靈伽時的經驗一般，明明感覺好像只過了幾分鐘，但一轉眼幾個小時就過去了。於是，我們便靜靜地把東西拿上船，並朝著小屋的方向駛去。一路上，我仍舊不停地思索著薩古魯方才的那一席話。

CHAPTER 8

第八章
最後一夜：更深入的理解

「上師不能讓你開悟。

他只能去除你察覺不到的障礙。」

——薩古魯

第二天早上，天氣彷彿是為我們量身訂做的，大地色彩鮮明、空氣清新，簡直是完美的一天，讓人感覺宛如置身天堂。即便前幾個晚上我們已經愈來愈早開始活動，即便我知道白天時薩古魯還有其他事情要忙，但在這麼美好的一天，我還是很希望他能和我們一同去外面走走。所幸，命運之神彷彿知道我多麼想要把握僅餘的一點時間和薩古魯在一起，便成全了我的心願。於是那一天，薩古魯果真得以在白日時和我們一同出遊。對我和黎拉來說，這真是此行很難得的一段時光，不過這一切並非出於我們的規劃，而是臨時才決定的。

那天一早，便有人從印度打電話給薩古魯，說有要事和他商量。為了轉達這個口信，我便走到他的房間外，輕輕地敲了敲他的房門。我原本無意打攪，但因為他的門縫微微敞開，因此當我一直沒有聽到他回應的時候，便探頭往房裡張望，只見他一如我所預期，正盤腿坐在硬木地板上那張粗糙的印第安原住民毯子上，一副渾然忘我、遺世獨立的模樣，於是我便悄悄把門關上，然後就離開了。

大約一個小時後，薩古魯下樓了。接著，他便開始打電話，並上網處理事情。他說他有將近兩百封電子郵件要回。就一個神祕家而言，他還真是忙碌呢！由於他白天時很少下來，於是我便問他是否願意讓我為他安排一場高爾夫球比賽，讓他和我的一個鄰居（此人同樣也是高爾夫球新手）的鄰居對打，他答應了。想到他終於能夠享受一些戶外活動的樂趣，我心裡頗為欣慰，況且今天天氣這般溫暖和煦，如果錯過，實在可惜，而且我知道高爾夫球是他比較喜歡的西方運動項目之一。

幾個月前，他來到美國時，我曾經看他打過一場。那是他的第三場高爾夫球賽。他似乎挺喜歡這項運動，而且球技甚佳。事實上，他打高爾夫球時的模樣簡直可以拿來當成瑜伽課程的廣告。有一次，我曾聽到某一位高爾夫球教練談論他如何指導別人打球。他說，在打高爾夫球時，你得進入一種「得心應手」的狀態。這便是薩古魯在打球時給人的感覺：他總是一副得心應手的模樣。我很喜歡看他打高爾夫球時的風采。那時的他和我們平常在上課時所看到的他判若兩人。上課時，他看起來老成持重、帶著神祕氣息，而且往往不染一絲人間煙火氣。但在打球時，他卻顯得熱情洋溢、意氣風發，而且動作就像職業運動員一般精確，令人頗為意外。此外，他非常看重比賽這件事。他打球的目的就是要贏。

在那一場比賽中，薩古魯的對手是幾位生意人。他們參加過「艾薩瑜伽」的靜坐課程，也知道薩古魯之前只打過兩場高爾夫球。由於他們的球技都相當不錯（至少他們自認如此），於是他們便認為有責任要指導薩古魯（他們的說法是：「我們要幫助我們的上師學會打高爾夫球」，但那場球賽的結果卻出乎他們的意料。

那天，皮膚黑得發亮、鬍髯飄飄的薩古魯在高爾夫球場造成了一場轟動，但不是因為他的外表，而是他打球的方式。在眾多球桿中，薩古魯似乎獨獨鍾情其中一枝打擊面很寬的木頭球桿。那幾個「自負的高爾夫球選手」見狀，便建議他應該使用各種不同的球桿（他們先前已經試著教他應該如何握桿、如何把膝蓋彎曲了），但薩古魯告訴他們：「這個就不用你們費心了。只要告訴我應該把球打到哪裡就可以了。」他們當下並沒有會意過來，還是堅持指點他應該怎麼做，直到薩古魯說：「不用再說了，就讓我打吧！我知道怎麼打球的；只要告訴我應該把球打到哪裡就可以了。」他們才終於住了口，並且把他喜歡的那枝球桿遞給了他。

薩古魯接過桿子，往外一揮，球立刻飛到二百六十五碼之外的果嶺上，讓所有的人都目瞪口呆。我和黎拉則試著不要笑得太大聲。從此以後，那幾個人就不敢再給他什麼指點，而是開始卯足勁和他比賽了。那天，薩古魯雖然有兩、三次需要重新發球，但最後還是拿到了低於標準桿三桿的成績。所有人（包括當天在果嶺上的觀賽者以及後來我在高爾夫球俱樂部遇到的那些人）都說他們從未聽過一個新手（尤其是一個如此不按牌理出牌的新手）可以打出這種成績。

可惜那一天湖畔的高爾夫球比賽並未得以舉行，原因是我的鄰居並不在家。對此，薩古魯並不以為意，反而說他很想去騎水上摩托車。事實上，他這點心思早已被我看出來了，而且我知道這個星期他必然有很重要的事情需要處理，否則他早就採取行動了。

我家那幾輛水上摩托車都很新。我們在挑選時，我的兒子也來幫忙，並且叫我一定要挑速度最快的那幾輛。對我來說，它們簡直快得像火箭一樣。

挑選完畢，我們三人便迅速換裝，然後便帶著救生衣、鑰匙和毛巾走到碼頭。薩古魯一下子就跳上了其中一輛。我正想告訴他該怎麼做，他就已經出發了。等我和黎拉把另外一輛的繩索解開時，他已經完全不見人影了，時速至少有六十英里。我們試著追上他，但那根本是不可能的事！

那一天，我們玩得很開心。當我們把車速加快到我們所能忍受的極限時，惹得黎拉大聲尖叫。天氣如此美好，在那燦爛的晴空下，和煦的陽光中，我們乘著水上摩托車在湖面上疾馳，激起了一陣又一陣的水花。對我來說，這真是一個完美的午後。儘管如此，當薩古魯在湖面上指著另外一座小島表示我們今晚可以在那裡進行我們的營火邊夜談時，我便開始期待著夜晚的降臨。我衷心喜愛我們的夜談時光。

玩了幾個小時之後，我們便回到了小屋。薩古魯再度進入他的房間，我和黎拉則重回碼頭上閒聊。當天稍早時，薩古魯提到了他有一次去阿帕拉契山脈旅遊的經驗，並說那裡的風光也非常美麗。我問黎拉是否知道他當時去的是哪一個地方。她說那是一個名叫「中嶺湖」（Center Hill Lake）的水庫，距離納許維爾（Nashville）只有幾個小時的車程。那裡仍保留著原始、純淨的環境，沒有受到汙染，而且與世隔絕，可能一連幾天都看不到一個人影。她又說，薩古魯就是在那裡寫下那首名為〈美國〉（*America*）的詩。這首詩我還記得。其中訴說了美國原住民被白人擊敗並且遭受羞辱的悲慘命運，是一首令人難忘的詩。我對它的創作背景感到好奇，於是便問黎拉是否知道薩古魯是在是什麼樣的情況下寫下了這首詩。她告訴我，當天薩古魯獨自一人去森林裡散步，回來時，表情看起來有些冷漠，讓人不太敢親近。後來，他就寫下了那首詩。

「我認識他已經很多年了，但那一天他給人的感覺很不一樣。」黎拉說道。「他走進小屋時，表情看起來很嚴肅，和周遭的氛圍格格不入，感覺上，他雖然人在那兒，卻又好像根本不在。我知道我這樣講很奇怪，但我到現在都還記得他那天的樣子。」後來，薩古魯對她說明了他在森林裡散步時所發生的事，但黎拉不肯告訴我，要我自己去問薩古魯。

這件事讓我再度對薩古魯眼中的世界感到好奇：他究竟能看到什麼我們察覺不到的事情呢？於是，我便決定當天晚上要問他有關那首詩的事。另外，我也想向他請教我有一次遇到拉姆・達斯時所發生的怪事，因為我當時也看到了一些很不尋常的景象。事實上，我第一次看到薩古魯時，之所以會覺得他很眼熟，甚至感覺背脊上有一股電流一直往上竄，有一部分就和那次的經驗有關。既然薩古魯之前已經談到了脈輪和昆達里尼，我便決定趁此機會釐清那次我和拉姆・達斯在一起時所發生的事情。其中有一部分原因是：我想了解我們何以會對生命和其他維度有著不同的體驗。

那天晚上，我們在營火旁坐定後，我便問薩古魯我是否可以向他請教一件發生在我自己身上的事情。由於這是我個人的私事，因此我提出這項請求時，心中不免有些忐忑不安。儘管如此，我還是提出來了，因為這是我心中存在已久的疑問，而薩古魯也一如我所預期，答應了我的請求。

於是，我坐在那溫暖的火光旁，聽著青蛙的合唱和貓頭鷹的叫聲，開始思忖我該如何提問。事實上，連我自己都不太確定是否能把當時發生的事情說個清楚。

打從我還很年輕的時候（確切地說，應該是從我二十二歲時開始），我心中就有著許多強烈的疑問。當時，我已經讀了許多有關瑜伽、開悟和東方宗教的書籍與文章，吸食過迷幻藥，在靜坐時也有過一些不尋常的體驗。因此，我深信除了身體和物質之外，人類還有許多其他的面向。此外，我也相信「上帝」並不是某個住在遠方的慈愛老爺爺。

我知道科學家們認為所有的物質都是由能量所形成，物質世界的一切都可以被還原成能量，而且能量是不會消滅的。我也在一些有關靈性的書籍中，看到類似這樣的說法：世上只有一個上帝；祂會以各種不同的面貌出現，而且祂就在我們心中，只是我們並不知道。我一直試著理解這樣的概念。

所以，當我遇到拉姆．達斯時，我最想問他的一個問題便是：「既然人們對生命各有不同的感受和體驗，我們怎麼可能是一體的呢？」儘管如此，我也相信：萬事萬物彼此之間都有著連結（雖然我不明白自己為什麼會有這種信念）。有人說生命只不過是鏡花水月、海市蜃樓，並非真實的存在。但我每次聽到這樣的說法，總是很生氣，因為我感覺這種說法太過無情了。生命是如此艱辛痛苦，怎麼可能只是一場幻象呢？但在此同時，我也屢屢意識到世事的短暫無常。因此，我心想，究竟什麼才是真的呢？有什麼東西是亙古永存的？是上帝嗎？有哪一個部分的我是真實的？我有沒有辦法可以知道呢？

以上就是我去找拉姆・達斯時，心中所存的疑惑。當時，他才剛從印度回來不久，是個頗有魅力的人物。他曾經在他的上師尼姆・卡洛里・巴巴身邊待了很長一段時間，用功修行。我有一些朋友為了能夠追隨他，甚至不惜遷居到紐約市去。有一次，他們打電話告訴我說他將造訪亞特蘭大市，在石山（Stone Mountain）發表演講，並建議我到時去找他談談。當時，我的個性雖然有些拘謹，但在聽完這場演講後，我內心就有一股力量驅使我過去找他。當我問他是否有時間和我見面時，他抬頭看著天花板，過了幾分鐘之後才說：「好吧。那你明天到『石山旅館』來找我。」接著便告訴我時間、地址和他的房間號碼。於是，第二天，我便迫不及待地赴約了。

到了旅館，我敲了敲拉姆・達斯的房門後，他便要我進去。我把房門打開後，看到他正盤腿坐在床上，便問他是否正在休息，他說：『我一直都在休息呀！』我心想：「這樣的人生真是太美好了。對我來說，生命可說是一場奮鬥呢！」我進入房間之後，他要我自已找一張椅子坐下來，於是我便坐在他的正對面，開始和他聊天。他問我為什麼想要見他。我告訴他，我也說不上來，只覺得自己身上有許多枷鎖，想要得到解脫，而且我相信還有一個更廣闊無垠的天地是我目前尚未體驗到的。後來，他便開始說起許多有關我的事，不僅具體明確，而且很有見地，彷彿能看穿我的心思似的。

接著就發生了一件很奇怪的事。就在我們說話的當兒，拉姆·達斯的模樣開始改變了。我看著他，感覺他和先前的模樣判若兩人，甚至連眼睛、面容和頭髮都一直在變，不停地幻化成一個又一個充滿智慧與慈悲、看起來像是大師的人物。感覺上，他彷彿每吸一口氣，就變成一個不同的覺者，就連他的身形也改變了。過了一會兒後，他問我怎麼了。我心想那一定是因為我臉上的表情看起來很奇怪。我告訴他沒事，只是看到他的模樣一直在改變。他說：「你被嚇到了嗎？」我說：「沒有。而且不知道為什麼我居然感覺它很真實，甚至比我從前所遇到的一切都更加真實。」我心想，這真是不可思議。看著一個人的形體不斷變化乃至消失不見，已經夠奇怪了，但更奇怪的是我居然還覺得這樣的景象很熟悉、很正常。感覺上，坐在對面椅子上的那個人就是「我」。我彷彿回到了家，正在看著自己。這次經驗讓我領悟到人的形體無常，轉瞬即逝，個人的身分認同也只是一時的，但我們的內在卻有某種永恆不變的事物。我渴望能夠了解那究竟是什麼東西。

這次的經驗對我的影響很大。它讓我明白我們每一個人內在都有一個相同的「自我」，只是被我們各自的性格以及其他東西掩蓋了。這次會面後，我內心甚是歡喜，以為自己終於可以認識那真正地「我」了。

當然，我不太敢到處宣揚這個經驗，因為大多數人如果聽到，恐怕會覺得我已經發瘋了。所以，我只敢告訴幾個比較親近的朋友，結果其中一個認為我看到的一定是我從前服食迷幻藥時所目睹的景象，但問題是在此之前我從來不曾有過這種現象，而且後來也不曾發生過，所以我知道事實並非如此。也曾經有一個「新時代運動」（New Age）的人士告訴我，那是因為我的第三眼脈輪開啟了，但我還是搞不清楚那究竟是怎麼回事。我只知道那次經驗讓我深受震撼，而且我希望今後還能有類似的體驗。後來，我再度前往拉姆．達斯在北卡羅萊納州的住所拜訪他，問他是不是我的上師。他說他不是，又說當一個人虔心追求時，就會透過他看到一些東西。

他說，當我遇到我真正地上師時，我自然就會知道。當時我以為我已經開始走在靈性的道路上了，而且即將會有重大的突破。但這已經是三十多年前的往事了。

就這樣，在八月裡的那個晚上，當我們三人圍坐在小島上的火堆時，我向薩古魯講述了這件往事，並告訴他：「我第一眼看到你的時候，就覺得你好像是我很久以前在拉姆．達斯身上看到的那個覺者，感覺非常熟悉。當下我心裡只有一個念頭：『啊！我真正地上師終於出現了！』」

我說完後，薩古魯便開始為我開示了。「就像你說的，拉姆．達斯曾經追隨尼姆．卡洛里．巴巴。」他說。「尼姆．卡洛里．巴巴是個非凡的人物，能力非常高強。他是個神祕家，不曾受過教育，所以沒有什麼包袱。而我就必須使用你能懂的語言來和你溝通，並依照你的感受力來說一些你能理解的事情。

「你瞧，雪柔，我對你的態度是多麼小心謹慎。但尼姆．卡洛里．巴巴就不管這麼多了。這是沒有受到教育的好處：你會比較自由。因此基於他對拉姆．達斯的喜愛或者拉姆．達斯本身虔誠求道的意願，他確實讓拉姆．達斯進入了某個維度。

「我不知道拉姆．達斯是只在某一個時刻對你這麼說，還是他對每一個人都這麼說，但從事情的本質來看，他確實不可能是你的上師。不過，他倒是可以成為一扇很好的窗戶，讓你看見生命的另外一個維度，而他確實也這麼做了。要知道，拉姆·達斯並不是憑著他自己的本事或者內在的修煉而成為現在的他。他之所以成為今天的模樣，是因為他這一生中做了一件很明智的事，那便是他追隨了尼姆·卡洛里·巴巴這樣一個人，並且和他一起打坐。他因此吸收了尼姆·卡洛里·巴巴的某個部分。尼姆·卡洛里·巴巴希望能開啟很多扇窗子，於是他便創造了一扇，並且把它送到美國去。」

説到這裡，薩古魯停頓了一下，並問我是否熟悉微軟的Windows作業系統。「我想你現在用的是應該是XP吧？這個情況就像電腦的軟體一樣。他開啟了一扇窗戶，把它送到美國來，好讓你們能看到某個東西。如果你很認真、很投入地和他一起打坐，就會看到一些東西，但窗戶本身可能看不到。」

我細細琢磨著這番話，因為我在和拉姆·達斯會面後，曾經在某個地方讀到他説有時人們看到的可能根本不是他。

「窗戶本身是看不見的。」薩古魯表示。「『艾薩瑜伽』的老師們就是窗戶。他們能夠讓人們看到、體驗到他們自己根本無法看到或體驗到的東西。窗戶的唯一功能就是讓我們看見東西，而不是教導我們。他們只是在那裡扮演窗戶的角色，讓人們看到他們或許沒有見過的東西。這也是許多老師共同的經驗。『艾薩瑜伽』和『內在工程』課程的老師都經過非常嚴格的訓練。最重要的是他們都很認真地進行內在的修煉，其中有許多位甚至已經修煉五到八年之久。他們已經學會放下自我。只要他們讓自己處於某種無我的狀態，其他事情自然就會發生，而且這些事情都是他們既不了解也做不到的。他們發現，他們指導的班級裡面有許多人都體驗到連他們自己可能都沒有看過的東西。他們也很渴望自己能有那一類體驗。但儘管他們本身可能尚未體驗過，但透過他們，有很多人都得到了這類體驗。這是因為：你可以透過窗戶欣賞到喜馬拉雅山的美景，但窗戶本身卻可能不曾領會喜馬拉雅山的美。

「所以拉姆．達斯是一扇很好的窗戶，一扇沒有被汙染、乾乾淨淨的玻璃窗。它讓你看到許多事情。這是一件好事。拉姆．達斯坦白地告訴你他不是你的上師，只是一扇窗戶，這也是好事。同時他很謙卑，這也是他的好處，因為大多數像他這樣的人都會忙不迭地宣稱自己就是喜馬拉雅山，雖然他們其實只是一扇窗戶。拉姆．達斯是一扇很美好的窗戶，因為他知道自己的極限。他明白自己的好，但同時也了解自己的極限。一個人如果能夠明白自身的極限，而且對自己很誠實，這就是一件好事。

「我所謂的『極限』，指的不是你為了方便起見而為自己設定的那些限制。我指的是生命加諸於你身上的種種限制，而那是會造成不便的。當你承認自己的極限時，就會心存謙卑，認清自己的斤兩，不致過度膨脹自己。這一點是很重要的，因為無論你對自己存有多少幻想，都不會因此而有所成就。」

薩古魯停頓了一會兒，接著說道：「我可以講一個笑話給你聽嗎？你剛剛講的什麼大師變幻形體之類的事情都很嚴肅，所以我不知道你有沒有心情聽個笑話。」

「好啊！」我立刻答道。「我一向都很愛聽別人講笑話。」我很高興他並不認為我剛才講的那些現象是我個人的幻覺，而是還很認真地看待這件事，並幫助我了解事情的本質。

薩古魯聞言便興致勃勃地講起了他的笑話。就像他喜歡球賽一樣，他也很喜歡講笑話。

「有一天，一隻公牛在田裡吃草，有隻野雞在牠身上啄食壁蝨。牠們已經很習慣彼此了，所以這一天牠們就像往常那樣相安無事，但後來野雞開始懷念往日的情景。牠說：『我年輕的時候，可以飛到那邊那棵大樹最高的一根樹枝上，但現在我連最低的那根樹枝也飛不上去。』公牛聞言，滿不在乎地表示：『哦，那有什麼問題呢？你只要把我的糞便吃下去，就能夠得到足夠的營養。這樣一來，你就可以飛到最高的那根樹枝上面了。』野雞說：『真的嗎？你的意思是：我只要吃下你的糞便，就可以飛到樹頂上？』『沒錯，不相信你試試看！』公牛答道。野雞遲疑了一下，而後便真的吃了一些牛糞。當天牠果然就飛到了最低的那根樹枝上面！後來，牠一天天愈吃愈多，過了大約兩個星期之後，就真的飛上了最高枝。牠坐在那兒，想到自己終於能夠像年輕的時候那樣坐在樹的最頂端，心裡真是興奮極了。但這時，農夫正好坐在屋外的陽台上。他看見這隻肥肥的野雞坐在樹頂上，心想他怎麼能夠放過牠呢？於是他便拿出了他的獵槍，『砰！』一聲把牠從樹上射了下來！這個故事是要告訴我們：你可以靠著胡說八道（bullshit，譯註：亦為牛糞之意）爬到高處，但不能靠著它待在那兒。」

我們聽完都放聲大笑。但之後，薩古魯的神情又再度變得嚴肅起來，繼續說道：

「所以，無論你對自己有什麼看法，那都不重要。你可以告訴自己你是如何如何的了不起，也可以對自己存有各式各樣的幻想，但那都和你真實的生命無關。你的觀念和想法可能會影響到你的人際關係，但也就僅止於此而已。雪柔，我希望你能了解：生命所看到的是你現在的模樣，那個被你稱為『上帝』的生命源頭所看到的也是你真實的模樣，不是你期望自己成為的模樣，也不是你的服裝、外表、談吐，更不是你在自己心目中或世人眼中的模樣。生命所看到的是你真實的模樣。

「你可以欺騙自己、欺騙社會，欺騙你周遭的所有人，甚至欺騙你的朋友，但你不能欺騙生命。如果你試圖欺騙生命，就是在愚弄自己。你的一言一行、所思所想都在被觀看著。無論你怎麼假裝都沒有用。所有的欺騙都是心智的產物，但你的生命並非奠基在心智之上。所謂『靈性』，有一種解釋就是：超越心智的一個境界。你現在透過感官所覺察的一切都經過心智的加工，而心智會製造幻象。一切都是幻象的說法就由此而來。」

聽了薩古魯的回答，我的內心再度感到無比地平靜。他的這番話真是於我心有戚戚焉，也讓我明白我和拉姆．達斯見面後所出現的一個轉變。那次，面對著拉姆．達斯，我深深領悟到：上帝就是我們自己，就是每一個人心中那個一直在觀看自身生命的「本我」（inner self）。它存在於萬事萬物之中，也存在於我們每一個人心中。我們雖然性格各異，也有不同的自我意識，但我們的「本我」是相同的。當那個「本我」透過拉姆．達斯向我說話時，我有一種全然沐浴在愛中的感覺。那份愛讓我卸下了所有的偽裝，也讓我領悟到一個事實：如果關於我的一切都已經被看見了，但我還是被愛著，那麼我又何須隱藏自己呢？這點讓人得到很大的解脫。既然我們無論如何都被愛著，那就表示我們的一切過錯缺失都已經得到寬恕。這讓我們得以自由自在地做自己。

想著想著，我突然記起了兩、三年前我跟著薩古魯和一群人前往在喜馬拉雅山區健行時發生的一件事。那次旅程最難走的一段路是在一個名叫塔博文（Tapovan）的地方。該處海拔達14,600英尺，有一部分區域是冰河。那裡有一個看起來很威嚴的女人。她身上穿著一件熨燙得很平整的紗麗。由於這樣的紗麗通常只有城市婦女才會穿，因此她這般打扮在這個冰雪遍地的山頂上顯得頗為突兀。但她為人親切、熱忱且好客。有人告訴我們她有一個外號叫「孟加拉媽媽」（Bengali Ma），意思就是她是來自印度孟加拉地區一個有著慈母風範的長輩。她住在一個由天然洞穴搭建而成的居所。有許多人來到山上後都會去拜訪她。她在那一帶是很出名、也頗受敬重的神祕家。

我們團裡的一些人也前往她的住所去拜見她，向她致敬。當她問他們來自何處時，他們說是來自印度南部，而且是跟著他們的上師薩古魯一起來的。接著，她又問：「薩古魯是什麼人？」於是有一位團員便向她出示了薩古魯的照片。她端詳了一會兒之後便說：「他已經不在這兒了！他很久以前就完成了他的工作，而且已經離開了。他已經不在這兒了。」

那幾個人聞言頓時非常緊張。事實上，他們先前已經被她的某種特質震懾住了。她身上散發著一股強大的能量，以致有兩個團員一走到她面前就開始流眼淚。當他們堅稱薩古魯就在這裡時，她只是微笑，並且再次表示：「不，他很早以前就離開了。」

我問薩古魯這究竟是怎麼回事。那位婦女在看著薩古魯的照片時究竟看到了什麼？她所能感知的層次似乎也和一般人完全不同。

薩古魯聞言再度朗聲大笑，接著便說道：「你看，我所耍的這些詭計是騙不了某些人的。你們都被我騙了。這位『孟加拉媽媽』之所以會說：『他應該不在這兒。』是因為只有振動頻率和業力達到某個層級的生命才算是生命，而我並不是其中之一。她的意思就是這樣。我經過了三世的努力之後才得以完成聖化迪阿納靈伽的工作。而你也知道，我原本應該在完成這項工作之後就立刻離去的。因此就許多方面而言，我應該已經不在人世了，但由於我和周遭的生命有著連結，因此才像幽靈一般地活著。不過，雪柔，你看，我可是真實的存在！

「這一切聽起來可能太扯，令人難以置信，但你要知道：現在科學家所談的那些東西其實就像神祕主義一樣無法以邏輯來解釋。你知道他們現在怎麼說嗎？他們認為宇宙存在著十一個平行世界！也就是說，在你我坐著的這個島上就有十一個平行世界存在。在瑜伽的理論中，世上有二十一個不同的維度。所以，那位『孟加拉媽媽』之所以會那麼說，並不是因為她知道什麼，而是因為她就是『存有』。她不是女人，不是男人、不是聖人，也不是什麼賢哲或神明。她純粹就是『存有』，所以她具有清明的洞察力。沒想到這個住在喜馬拉雅山的女人居然能看清楚這一切。

「如果你讓你的窗戶保持潔淨，就可以看到事物的原貌。她不是最低層的人，也不是最高層的。她就是她。這很重要。高低尊卑都是人為的概念，與事實無關。你所認為的高與低、好與壞、美德與罪惡、上帝與魔鬼都是你自己創造出來的，是你自己的投射。這些東西和事實毫不相干。事實就是這樣。唯一重要的是你如何看待事實。」

薩古魯停頓了一會兒，接著又繼續說道：「拉姆·達斯是一扇乾淨的窗戶，但連他自己可能都不知道這一點。你可以透過他來看到很多東西，但他仍然無法擔任你的上師，因為他沒有方法。我不知道你在他身邊待了多長的時間，但如果你待得夠久，可能會發現他一直都在談論同樣地東西，什麼事情也沒有發生。你如果只是和他一起打坐，那麼你或許會有些收穫，但你是不可能從他的教導中得到什麼的，因為他並不具備當個上師的條件。他只是一扇很乾淨的窗戶，能讓你看得很清楚。

「所以，你只要透過那扇窗戶觀看就可以了。千萬不要把它帶著走。你想看到東西，不一定要帶著那扇窗戶。一扇乾淨的窗戶可以讓你看到一些東西，但它的作用也就僅此而已。當然，你所看到的東西可能會對你產生許多影響，但它的作用只是讓你得到一些激勵而已，並不能讓你有什麼進展，也不會讓你發生什麼轉變。你之前看到了一些大師或類似的人物，其作用只是激勵你去追尋，但它本身並不是目的。拉姆．達斯提醒你，他並不是你要追尋的目標，這點他做得很好。世上有許多像他這樣的窗戶，尤其是在印度。真的，這樣的窗戶很多。」

「薩古魯，一個上師和一扇窗戶有什麼不同呢？」我問。

「通常，一個上師不會讓你看到你所說的那些景象，除非他認為有必要幫助你突破你所受到的某種限制。而且他會告訴你一些方法，讓你可以慢慢去除自己所受到的限制，幫助你進化。由於你所看到的那些景象只是一些很特殊的經驗，對你沒有太大幫助。你或許很喜歡這樣的經驗，但它們往往會讓你存有不切實際的幻想，甚至使你產生一些妄念。要知道，你的心智很有可能會根據你的需求和要求扭曲所有的事物，使你受到更多的限制。這樣的危險經常都是存在的。

「或許這樣說你會比較容易了解：一個上師就像是一個技術專家或技工。他會給你必要的工具，教導你如何調整你的身心機能，讓你能成為一個工具，幫助自己開花結果。這是很主觀的技術，不能以客觀的方式理解，因此才會如此神祕。」

我說：「但我還是不明白。你怎麼能看出我們每一個人的需求呢？這些年來，我一直都沒有受到什麼激勵。我雖然做了不少靈修功課，卻從來不覺得自己有什麼進步。」

薩古魯表示：「雪柔，你難道就不能相信世上有人的認知層級可能和你不同嗎？事實上，就連你的狗也能察覺到你所察覺不到的東西。如果我閉著眼睛坐在這裡的時候，有某個人走進了房間，雖然我的眼睛沒有睜開，但我還是可以告訴你剛才走進來的這個人是什麼樣子。就連你的狗也有這種能力。以這邊這棵樹為例。你看到了這棵樹，也看到它被另外一棵大樹的枝葉擋住了。如果我們要讓那棵小樹長大，顯然就必須把那些擋住它的枝葉剪掉。這就是我為什麼看得出一個人需要做什麼的原因。

「有很多老師都曾經教你用正確的方法來練瑜伽，但他們缺少一個主觀的維度。在這種情況下，即使你有了一些進展，你的靈性還是無法穩定的提升。那些老師都受過良好的訓練，因此他們所教的方法是正確的，卻少了一個主觀的維度。我們這些修習瑜伽的人都把靈修或瑜伽的方法視同神明。這是因為方法本身可能會對你的身體有一些好處，並使你的心智保持穩定，但它們的作用也就僅止於此而已，沒有別的了。傳播這個方法的人應該要能夠為它注入生命。唯有如此，它才能夠幫助你開啟你內心深處的那個維度。我之前曾經跟你提過帕坦加利（Patanjali）這個人。他是瑜伽的祖師爺，也是《瑜伽經》（Yoga Sutras）的作者。Sutra這個字原本是『絲線』的意思。對帕坦伽利來說，《瑜伽經》就是讓覺者得以用來隨心所欲地編成一串花環的一條絲線。儘管你沒有這條絲線就做不了花環，但你佩戴花環的目的絕不是為了這條絲線。

「一個大師會以這條絲線為基礎，用自己的功力在上面添加花、珠子或鑽石。如果你不明白這個道理，光是佩戴這條絲線，不僅對你沒有太大的好處，反而是一種浪費。我們之所以想要『消融』你現在的模樣，是為了幫助你清除障礙，讓你能接收到來自另一個維度的東西。

「雪柔，如果你需要受到激勵，可以從某個人或某件事物那兒得到，但也就僅此而已。如果你想要資訊，你也可以得到，但你不會因此而擁有智慧。你必須了解生命有著許多不同的維度。當我們置身於某個維度時，另外一個維度（無論是什麼樣的維度）對我們來說就不存在。舉個例子，對你來說，早晨太陽升起時，天就亮了；晚上太陽下山時，天就黑了。對你而言，這是一個千真萬確的事實。但對許多動物（例如貓頭鷹）來說，早上太陽升起時，天就黑了；晚上太陽下山時，天就亮了。

「如果你和這隻貓頭鷹坐在一起，爭論怎樣才叫天亮，怎樣才叫天黑，你們是不可能得出什麼結論的，因為你們所屬的維度不同，認知也不同。感官是我們用來認知的工具。它們唯一的功能就是讓我們能繼續存活。如果你看不出來除了你所知道的生活方式之外，還有其他許多生活方式，這樣的生命是很可悲的。你將不可能會有任何進步。所以瑜伽除了讓你身心安泰之外，也能讓你打破這個維度的限制，進入一個完全不同的生命維度，也就是說：讓你從物質的世界進入另外一個世界。這個世界並不在其他地方，但那些走不出物質世界的人是無法進入的。

「如果你想進入另一個維度，最好的方法就是追隨一個已經置身於那個維度的人，否則你可能會徒勞無功。有些人願意在不知道自己將航向何方的情況下就揚帆進入外海。這樣的人或許有一天就真的能找到自己所要尋求的東西。當然，其中有些人可能會送命，但有一些人終將能夠抵達彼岸。現在我們已經知道地球是圓的，因此你如果航行得夠久，最終必然能夠抵達陸地。假設你在不知道這點的情況下，就登上一艘船，開始航行，而且持續前進，那麼你遲早能夠碰到陸地。但不是每一個人都有勇氣這麼做。不是每一個人都能踏上這樣的航程。你必須願意將你的性命投入其中才行。

「所以，你如果希望進入一個不曾體驗也無法了解的維度，可以採取幾種方法。其中一種便是：拿著我給你的地圖自己去找路。這樣你就有絕對的主控權。這個方法挺好的，但你得知道：即使有了地圖，你可能還是會常常迷路。另外一個方法就是：我把我的汽車尾燈打開，告訴你：『你只要跟著我就行了！』於是，你便試著要跟上我的車子。可是突然之間就起霧了。你一時看不見那車尾燈，還以為自己被丟包了。後來，你又看到了我的車尾燈，於是你心裡就想：「嗯，我還是可以跟上的。」這種情況一而再、再而三地發生。你一次又一次的迷路，並且時常懷疑自己是否被丟包了。有時，你我之間可能只隔著十輛車子，但你可能又會想：「喔，他離開我了！」這便是大多數人追隨我的方式。另一種方法就是坐在我的巴士上面。一旦你上了我的巴士，就算你打了個盹，也沒有關係，因為你還是會抵達目的地，但重點是：車子不能給你開。所以，你如果希望進入一個你不曾體驗也無法了解的維度，可以採取以上這三種方式。任何一種我都可以。如果你是喜歡冒險的那種人，就可以自己拿著地圖去找路。如果你不願意冒險，但又希望能夠表現得很勇敢，那我們就把汽車的尾燈打開。事實上，大多數自稱喜愛冒險的人一遇到可以冒險的機會都會趕緊避開。所以，你要仔細地看。如果你厭倦了迷路的感覺，而且不需要向你自己或任何人證明任何事情，就可以跳上我的巴士，任由它載著你前往它必須要去的地方。這三種方式隨你挑選。無論哪一種方式我都可以。如果你有很多時間，就自己拿著地圖到處探索；如果你急著趕路，那就跳上巴士吧。

「這事既不容易，也不困難，純粹就是很簡單，簡單得讓你的腦袋都搞混了，因為你的腦袋已經受到許多因素的影響，而且只能在你自己所設定而且引以為豪的框架裡運作。如果你不把你所受到的限制當成寶，不再把你身上的手銬腳鐐當成值得自豪的飾品，那麼這件事就很簡單，而且你立刻就可以上路了。請你想想看你用了多少自欺欺人的方式試圖讓你周遭的人支持你，希望他們能認可你所受到的限制，希望那些限制並不至於對你構成妨礙。」

這話讓我嚇了一跳。薩古魯說得沒錯！我看了黎拉一眼，發現她正對著我微笑，臉上輝映著來自營火的火光。我仰靠在一棵樹上，想到這些年來我加諸於自己身上的種種限制，不禁納罕：我們為什麼要這樣對待自己呢？就在這時，火堆開始畢剝作響，把我的注意力拉回薩古魯身上。此時此刻，他的眸子就如同水井一般深邃。

我心想，我們究竟是如何在不知不覺之間為自己形塑了一個僵固的身分？為什麼我一直沒有意識到：當我們說：「我就是這個樣子！」「我就是那個樣子！」或「我就是這種人！」時，我們就已經在自己身上加諸了各種限制。我經常聽到「沒有界限」的說法，但一直並不了解其中的意涵。現在我才明白：長久以來，我一直讓自己變得愈來愈狹隘。在遇到薩古魯之前，我有很多東西都看不慣，好惡愈來愈分明；當某件事情不符合我的標準時，我就會立刻加以批判。比方說，我從來不去任何一個沒有空調設備的地方，而且只有在氣溫華氏七十度、陽光普照的日子裡，我才願意出門散步，而我卻認為這一切都很正常。但如今，我已經有了改變。現在的我遇到事情已經比較不會逃避了，而且就算當下仍有一些抗拒的心理，事後總是會很慶幸自己做了該做的事。

這讓我想到我要問薩古魯的另外一個問題：「薩古魯，在我認識的朋友當中，有許多人認為自己沒有什麼問題。事實上，有些人甚至自認已經看透了一切，或者已經有了成功的人生。他們如果有這種想法，怎麼有可能會轉變呢？」

「雪柔，你要知道：你反覆擦拭過的東西就會變亮。無明也是如此。我發現當今的世界（尤其是在西方國家）有一個趨勢：人們不僅不願意承認自己不知道什麼，反而會針對自己不曾經驗過的事物做諸多的臆測。但頭腦上的理解並沒有任何意義可言。從前人們一度相信上帝就在天上，但現在有許多人都說：『上帝無所不在。』有些人則說：『上帝就在我們的內心。』從某個方面來說，這些說法都不太可靠。人們有時會透過種種方式得到某種昇華的經驗，有些人就稱之為『開悟』。事實上，幾乎所有的事情，你只要做得夠認真，都可以得到昇華的經驗。這就像是你在牆壁的這一邊跳跳床，只要你跳得夠賣力、夠高，就可以看到牆壁另外一邊的情景。但靈修的終極目標並不是要看到牆壁另一邊的光景，而是設法越過牆壁。

「目前的情況是：一個人如果不需服用抗憂鬱劑，他就認為自己已經夠好了。但我們的終極目標並不是要追求一點點平安和幸福。事實上，我們所追求的絕非個人的幸福。儘管這種幸福感可以提供穩固的基礎，當你得以達到你的終極目標，但如果你這一生只擁有物質上的幸福與身體上的安康，那就像是開著一輛不會動的車子上路一般。

「你如果把你夢寐以求的那輛車子放在停車場上，自己坐在車子裡一直不動，你還是可以告訴自己你確實有在前進，因為過了早晨就是中午，過了中午就是晚上，夜晚過後又是白天。季節會變換，花朵會開放，葉子會掉落，所以風景一直在變，你也就覺得自己一直有在前進。事實上，如果你想追求的只是幸福安康的生活，那你並不需要靈修，只要好好運動、閱讀好書、維持良好的人際關係，偶爾打打高爾夫球就可以了。只有你在意識到：身心的安康固然可以解決你生命中的許多問題，但它只是你用來滿足內在深沉渴望的一個平台時，你才會想要開始走上靈修的道路。這是因為你內心有某個部分一直渴望能夠無限制地擴張。當你開始靈修時，你的身心自然會逐漸安泰。但那只是靈修的附帶效用，不是目標。但有很多人在得到了這個小小的好處之後，就以為他們的目標已經達成了。」

聽到這裡，我再度陷入沉默。在之前的幾個晚上，我們也經常處於默默無言的狀態。但現在，由於剩下的時間已經不多了，而且我心中還有許多疑問，於是我便趕緊把握機會提出另一個一直讓我感到困惑的問題。這是因為前不久薩古魯曾經提到我之前發生過的某件事，但這件事我從未告訴他或任何其他人，因此他是不可能會知道的。我很想了解他究竟是如何知道那件事，於是，我便說道：「薩古魯，你似乎能夠看出我們的狀況，而且你總是開玩笑說：我們既然已經上了賊船，當了你的學生，就再也沒有任何祕密可言了。但你真的可以看到我們的過去，或看出我們目前的狀況嗎？」

薩古魯答道：「如果我不能，就無法從事這種工作啦！」

「但這究竟是怎麼回事呢？」我繼續追問。

薩古魯緩緩說道：「我看到每一個人時所做的第一件事就是向他們致敬。這是因為我看到了他們內在的核心，知道他們是神性的化身。其次，我會看到他們的過去所留下的印記、他們的業力架構以及他們因此而形成的各種傾向。在某些人的身上，過往的種種事件會留下很深的印記。這些事件雖然已經過去，但會成為他們的一部分，使他們形成若干傾向。如果這些傾向一直沒有改變，他們便有可能會往特定的方向發展。你之前曾說我經常問東答西，這是因為提問的人有可能會問錯問題，但我必須提供他們正確的答案。有時，對方問的是某一種問題，但我回答的卻是另一個完全不同的面向。這是因為我聽的不是他的話語，而是他們這個人。我會聽到他們過往的印記所發出的聲音。事實上，我可以說：此時此刻，在我眼中，你只不過是你累世業力的總和罷了。因此，一旦你上了賊船，跟隨了我，你的生命就毫無隱私可言。不過，在有愛的地方，是不需要有隱私的。你一定會允許你很愛的那些人進入你的私密空間。既然我全心全意地愛著所有的人，所以我不允許他們有任何的隱私。」

他說完便「哈哈哈」地朗聲大笑，接著就站起身來，走到岸邊，跳入湖裡，開始游泳。聽到水花濺起的聲音，我和黎拉立刻對看了一眼。我猜這時我們心裡必然想著同樣一件事：「我們身邊連一條毛巾都沒有，也沒有乾衣服給他換呢！」但薩古魯就是這樣。跟在他身邊，你得做好心理準備，因為什麼事情都有可能會發生。

過了許久，當我們蘸著莎莎醬吃完了一包洋芋片之後，我便開始問薩古魯有關那首詩的事情。

他沉默了好一會兒之後才開口：「我之所以會寫那首詩，是因為我上次在『中嶺湖』遇見了一個美國原住民男子。」

「當時是什麼原因讓你寫下那首詩呢？」我問。

他的回答讓我嚇了一跳：「因為那個人已經紋風不動地在那裡站了三百年了。」

「三百年？」我問。

薩古魯答道：「嗯。你知道美國印第安原住民向來是很自豪而且強壯的民族。他們懂得如何戰鬥，是很優秀的戰士，而且很以自己的文化為榮。除此之外，他們有話就直說，不會拐彎抹角。即使他們今天和你打仗，但明天你只要稱他們一聲兄弟，他們就沒事了。他們就是這個樣子。對他們來說，在戰場上打仗、死於沙場是一種榮耀。但他們萬萬沒想到有人會來把他們的土地搶走。這是他們所無法理解的事情。在他們看來，土地是有生命的，是他們賴以維生的力量。他們是世上少數在聽到『上帝』這個字眼時不會抬頭往上看的民族，因為他們認為大地才是創造並滋養他們的力量。

「那天我在田納西州阿帕拉契森林裡的某一個區域散步時，走著走著，突然看到一名男子紋風不動地站在那裡，一副既羞愧又絕望的姿態。他身上穿著從前部落酋長的服裝，站在那兒一動也不動。你知道，我每次看到有人動個不停或一動也不動時，都會特別留意，因為在這兩種情況下我或許都能夠做點什麼。至於那些介於中間的狀態就沒有多大意思了。那些動個不停地人可能有事，那些一動也不動的人也是一樣。遇到這兩種人時，我都無法置身事外，因為他們可能有些問題需要處理。

「後來，我發現他已在那裡紋風不動地站了將近三百年，原因是：他之前負責保護他那位身為部落酋長的哥哥，並擔任他的左右手，協助他處理政務。要知道，在印第安人的傳統中，所謂『兄弟』並不一定是同一父母生的。你可以認別人為兄弟，就像你結交朋友一樣。這個男人非常敬重他的兄長。他認為能夠貼身保護這位兄長是他莫大的榮幸。但有一次他安排那位酋長和軍方的人員會面。但後來他發現那是個圈套，以致那位酋長被白人殺死了。他因此而極度自責，於是便懷著絕望、挫敗、沮喪和羞愧的心情站在那裡，而且一站就是三百年。我看到他的時候，他仍然站在那兒，一動也不動。當然，他已經死了，所以站在那裡的並不是他的肉身，但他的魂魄卻一如當年那般佇立在那兒。我心想，該是他往前邁進的時候了。停留在羞愧、挫敗的情緒中太久並不是一件好事。於是，我便幫助他脫離了那個情境，而且後來還寫了一首不怎麼樣的詩。」

美國

這陰沉鬱暗的森林

以原住民的鮮血為養分。
那死去的印第安人的魂魄
佇立在倒木槎枒的枝葉中。

喔，兄弟，那飄洋過海者
剝奪了你的身分。
對黃金與土地的貪慾
葬送了智慧與優雅的靈魂

那藉著殺戮奪取者的子孫
不曾沾染祖先的罪愆
但那曾經豪氣干雲的勇士
卻成了挫敗、羞愧的靈魂

啊，那殺戮者與被殺者

請擁抱我！我將令你們的靈魂得以安息。

這首詩和那個印第安人的身影讓我感動莫名。怎麼會有人因著這般的羞愧而在時光裡凍結了呢？這真是個既駭人又辛酸的故事。在我認識薩古魯之前，我是絕對不會相信這種事的。但現在，我卻為了那個可憐男子的悲慘遭遇而泫然欲泣。

或許我已經完全失去了理智，但薩古魯所說的一切在我看來都是如此的真實可信。在他身邊待了這麼長一段時間後，我感覺他的所作所為往往都帶著一股神祕的能量。由於我和他在一起時有太多不可思議的經驗，因此現在我即使遇到自己從來不曾經歷過的事情，也不會貿然否定它存在的可能性，就像從前的人可能無法想像世上會有傳真機或網路之類的東西，但它們如今確實存在。因此，在我看來，沒有什麼事情是不可能的。如果你知道我過去是多麼不容易相信別人，就會明白現在我的想法有了多大的轉變。事實上，如果告訴我這類事情的不是薩古魯，而是別人，我一定會認為他們精神有問題，並且趕緊閃遠一點。但由於我曾經目睹薩古魯做出種種不可思議的事，因此我已經深信他能夠感知到一般人所感知不到的東西。

我待在他身邊愈久，看到的離奇事蹟就愈多。幾個月前，我參與了「艾薩瑜伽」

所推動的一項計畫，並因此要和薩古魯討論一些事情。我們約好在田納西州的納許維爾市碰面。那天，我很早就抵達了開會的地點。黎拉一看到我，便告訴我薩古魯前一天參加一個電視節目試播會的經過。她說，那天製作單位請了三位專家來解答觀眾有關生活以及生命的奧祕等問題，薩古魯便是其中之一。除此之外，還包括美國的一個薩滿以及一位來自一所知名大學的精神病學家。

在節目當中，輪到一名婦女向這三位專家請教時，她播放了一段非常動人的影片。片中的主角是她的丈夫。他的年紀大約有四十幾歲，被診斷出得了末期癌症，已經來日無多。影片中的他躺在床上，靠著人工呼吸系統維持生命。他提出了一些有關死亡的問題，想知道自己死後會面臨什麼情況。他也談到了有關禱告的事，並問上帝有什麼道理要拯救他的性命。他說，人們一直要他禱告，他這一生也確實不斷在禱告，但現在他已經不是那麼有信心了。他問：上帝有什麼道理要回應他的祈求呢？伊拉克的人民和世上的其他許多人不也在受苦嗎？看完影片後，那三位專家便一一從各自的角度回答他的問題。那位薩滿告訴他：他的親朋好友都會在「那邊」等著他，他們會在那裡歡喜相聚。薩古魯則以慈悲的口吻從不同的層級來回應他的問題。他一開口，便吸引了全場觀眾的注意力。

黎拉正説著，薩古魯就出現了，並且加入了我們的談話。他説當時其他兩位專家都很努力地安慰那名男子，但後者要的其實不是安慰，而是幫助與理解。於是，他當場便告訴那名男子的太太，説他願意提供協助，後來她也回電給他，説她丈夫確實希望他能幫忙。説到這裡，薩古魯旋即表示：一個小時之後我們就要到那個男子的住處去，以便能給他一些幫助。

我過了一會兒才會意過來。「我們一個小時後就要到昨天節目裡的那個男人的住處？」我問，心想我是不是聽錯了。

「是的，他希望我能幫他。」他答道。

「你要去幫助他？」我簡直不敢相信。「這是什麼意思？你要去幫他結束他的生命嗎？」

「是的。」薩古魯説道。「他和他的太太都很勇敢。」

「那是什麼意思？他會開悟嗎？」我問。

薩古魯看著我笑道：「不，那是你要的。他不會開悟，但他會死得很安詳。」

我仍然不明白薩古魯在説什麼，但不久後，我和黎拉就陪著他上路了。在途中，我對薩古魯説道：「你應該知道凱沃基安（Kevorkian）醫師因為幫助別人安樂死而惹上了許多麻煩吧？事實上，他現在應該還在監獄裡服刑。」

薩古魯聞言大聲笑了起來，對我說道：「雪柔，我不是要去把他弄死，也不會把他的維生系統拔掉。我甚至不會碰他。我只是要讓他的死亡過程變得平順一些。」

大約三十分鐘後，我們終於抵達了。那對夫婦住在一個中型社區的一棟小房子裡。我們進去時，裡面已經擠滿了人，其中以他們的家人居多。之前我曾在一次共修（sathsang）中聽薩古魯談過死亡。他當時曾說我們死亡時身邊如果沒有家人圍繞，會比較容易一些，因為當我們所愛的人不在時，我們就沒有情感上的羈絆，會比較容易放下。但這顯然不是美國人的作風。不知何故，我們都覺得當我們所愛的人離世時，大家應該待在他們身邊。

男子的家人見到我們後，便向薩古魯致意，感謝他願意前來。接著他們便帶我們進入當事人的臥房。只見他當時正裸著上半身躺在床上，蓋著一條毯子，毯子的邊緣摺起，墊在他的手臂下面，而且身上還吊掛著好幾瓶點滴。薩古魯走進房間時，他的眼睛突然睜了開來。事實上，他的氣色看起來還不錯。我之前曾經聽說他一直承受著劇烈的痛楚，但此刻他看起來異常清醒，而且臉上絲毫沒有痛苦的神色，讓我頗為意外。見到男子後，薩古魯什麼也沒做，就只是閉著眼睛站在那裡。過了一會兒之後，他就抱了一下那名男子，然後就離開了。

在回程的車上，薩古魯表示：「我已經安排好了。他明天就會離開。明天是滿月，是吉祥的日子，也是離開的好時機。」

「你說你安排好了，這是什麼意思？」我問。「你怎麼知道他明天就會離開？這種事連醫生也說不準哪！」

「我不是用猜的，雪柔。」他回答道。「他的生命能量已經非常微弱，已經到了無法留在肉身很久的地步。他們用那些維生儀器或許能夠讓他的生命延長一、兩個星期，但在這個過程中，他很可能會完全喪失意識，並因而沒有機會清醒地離開人世。所以，我已經調整他的能量，讓他在明天滿月出現時離開，時間大約是在十一點三十分到兩點之間。那天是離開的好日子。」

第二天，我回到了薩古魯所待的公寓。大約一個小時之後（也就是一點鐘左右）電話鈴響了。對方告知薩古魯那名男子剛剛已經走了。他們說自從薩古魯去看他之後，他似乎就不再感到疼痛了。對我來說，那真是一個很特別的經驗，但當時我並沒有機會進一步請教薩古魯。此刻，既然他被「困」在這座小島上，哪兒也走不了，或許他會願意多講一些。於是我便問他：當時他說他要幫助那個男人「軟著陸」，那究竟是什麼意思？

「我幫他把剩餘的業障都消除了，因此他轉世的過程一定會很順利，而且他還年輕，所以一定可以很快找到一副新的軀殼。」他說。

我想他的意思應該是那人將會立刻投胎轉世，於是我又問道：「那麼，很快投胎轉世是一件好事嗎？」當時，我對這類事情一無所知。如今想來，我心中可能仍然懷抱著一絲希望，期盼自己在死時能夠開悟，或至少能對生命有遠比現在更多的理解。

「那當然。」薩古魯表示。「那是一件很好的事情。」

「好在哪裡？」我問。

「雪柔，當你擁有人身時，就能做更多的事情讓自己進化。」

「那我們沒有投胎到人世的時候還會進化嗎？」我問。

「會的，只是進化得很慢。擁有人身是很難得的機會。你在人間一年所能夠做到的事，到了那邊可能要花上一百倍的時間才能完成。」

我不太了解這是怎麼回事，但我開始明白為何許多東方的教派都曾提到投胎為人的重要性並強調死亡時間有多麼重要。我問薩古魯為什麼死亡的時間如此重要。

薩古魯答道：「當一個人帶著清醒的意識離開自己的身體時，就很容易為他的內在生命規劃未來的方向。一個人如果能夠能親眼目睹自己如何從生到死，就能夠看到他之前可能看不到的生命面向。這個從生到死的過渡期就像是一個中間地帶，你可以看到自己超脫生死的樣貌。瑜伽的種種練習就是為了要讓你深深地感受到那樣的狀態。正因如此，世上有許多文化才會認為人們彌留和死亡的時刻是很重要的。」

至此，我終於比較明白薩古魯為何會說我們還不了解生而為人的重要性了。他經常說：許多人都把重點放在生存上，關心自己要吃些什麼、睡在哪裡、和誰做愛等等，但人與動物不同的地方在於：我們有能力達到意識的巔峰。從前，我經常覺得自己沒有充分利用生命，浪費了許多時間。事實上，薩古魯在初次看到我時就曾經提醒我：如果我太過自滿，不持續精進，就有可能會浪費餘生。這也是我心裡的想法。事實上，那是我最在意的一件事：我為什麼一直沒有更加努力地提升自己？雖然我多多少少能夠享受生命的樂趣，但內心卻一直渴望能夠超脫這狹隘、平凡的人世。

「薩古魯，我曾經在許多場合聽你說過大多數人並不想要追求真理，只想得到慰藉。我想你的意思應該是他們為了讓自己一直待在舒適圈內，並不想要改變自己的信念。我也曾聽到你一再拒絕談論人們所無法體驗到的東西。不過，如果我們能夠了解生命運作的方式，那不是對我們更有幫助嗎？既然生而為人是我們進化的大好時機，如果我們能夠了解生命運作的方式，那不是比坐在那兒等著死後一了百了要更好嗎？如果人真的會輪迴轉世，你可不可以多講一些這方面的事情？一旦我們投胎為人，是否只會繼續活在自己編造的故事裡，直到我們的內心想要尋求一條出路為止？」

我剛問完，湖上就颳起了一場暴風雨。一道道閃電劃過天際，雷聲也開始轟隆隆地響個不停。我雖然不情願，但眼看天氣如此，我們的美好夜晚也只好就此劃下句點了。我看了看錶，發現時間已經將近凌晨五點。剩下的問題就只好下次再問了。我多麼希望這個夜晚不要結束，甚至期盼它能一直持續下去，因為今夜過後，我們這個星期的夜談就要告終了。

這是個結束。但我知道它同時也是個開始。

後記

時間過得何其快！到了第二天上午，我們的湖畔小聚便劃下了句點。在吃過一頓清淡的早餐後，我和薩古魯及黎拉便開始收拾行李，將它們放到車上，然後就各自朝著不同的方向出發了。黎拉要返回她在中西部的家，我和薩古魯則一同開車前往機場，之後薩古魯要搭機前往加州，我則要到佛羅里達州去探望我的父母。

我含淚向黎拉道別後，便將屋門上鎖，和薩古魯一起動身前往亞特蘭大。當然，負責駕駛的人還是薩古魯。那一路上，我比來時安靜了許多，因為我心裡一直在回味著這星期所發生的種種。我簡直不敢相信我在這麼短的一段時間內就有了這麼多的體悟。在遇見薩古魯之前，我花了三十多年的時間試著理解生命，並尋求某種內在的體驗，但我所學到的東西卻比不上我和薩古魯在一起的這一個星期。然而，我很清楚：無論我學到了什麼，都只是一些皮毛而已。我對薩古魯的認識還很粗淺，同時也還不太清楚自己（或一般人）究竟能夠達到怎樣的境界。

因著薩古魯，我的內心開啟了一個我之前一直無法接觸到的維度。這徹底改變了我體驗生命的方式。當然，有些問題我還是沒有得到答案，我也沒有立刻開悟，但我內心確實出現了一些變化。

當我問薩古魯為何「艾薩瑜伽」的效果遠大於我之前所嘗試過的所有方法時，他說：「因為我不是在教瑜伽，我就是瑜伽。」之後，當我再度提出類似的問題時，他的回答是：「因為那是一種活生生的傳輸。」我不知道這話是什麼意思，但我感覺我之所以能有進步，並不只是因為練了瑜伽而已。事實上，我簡直不敢相信我之前居然會懷疑追隨一位上師究竟有何好處。

目前，我的感受就像當初在機場向我提到薩古魯的那位年輕人一樣。他曾經表示，他跟著薩古魯學習後，終於「比較能夠放下自己的恐懼與執著」。如今，我無論面對任何外境，都能夠從一個更高的角度來觀看。這並不代表我再也不會遇到任何困難。但現在我即便陷入了困境，也不會憂心忡忡，更不會像過去那般杞人憂天。馬克·吐溫曾經表示：「我這一生經歷了各種可怕的事情，其中有些還真的發生了。」如今，我已經不再被外境所左右，即使遇到困難，心境也能保持平穩、快樂。

薩古魯曾說：你一旦成了一位瑜伽行者，就再也不會遇到任何壞事了，因為你會把一切都當成使你成長的助緣。瑜伽行者即使置身地獄，也可以充滿喜樂。如果你很快樂，所謂的「地獄」就不存在了。

回顧我在遇到薩古魯並開始修習瑜伽之後的這幾年當中所發生的改變，感覺就像是一個奇蹟。薩古魯曾說奇蹟並非「轟！」一聲驟然出現，而是悄然發生的，一如花朵之綻放，一如樹木之成長。

我正倚著靠背舒服地坐在車子裡，享受前往機場的路程，並沉浸在自己的思緒中時，薩古魯突然告訴我，他不久後就要帶一群人前往西藏的岡仁波齊峰（Mount Kailash），問我要不要一起去。事實上，前一年我和他以及一群「艾薩瑜伽」的人員在喜馬拉雅山區健行時，他就曾經提到這件事。他說他有意前往岡仁波齊峰以及一個名叫瑪旁雍錯湖（Lake Mansarovar）的地方，並描述了那個地方的種種，之後便問誰想要同行。我聽到後，還來不及細想，馬上就舉起了手。我真的很想去！

然而，我回到家查了資料之後才發現：岡仁波齊峰海拔高達兩萬兩千英尺，光是它的山腳就有一萬八千英尺高，要攀登絕非易事。更何況，那裡的山路極其陡峭，每年都有許多人在登山途中死亡。除此之外，我還請教了我認識的一位醫師。她告訴我她有兩位同事曾經和一小群人（總共只有十四位）循著類似的路線攀登岡仁波齊峰，結果在路上兩人都死於肺疾。於是，原本「不去會死」的我頓時認定自己「去了就會死」。此外，相關的網站也說人們在那裡可能會罹患高山症，而且當地氣候嚴寒、說變就變，有時還會遇到山崩。據說，岡仁波齊峰是亞洲最難抵達的朝聖地。據我對薩古魯的了解，他會想去，甚至還問我要不要一起去（雖然那裡對我來說具有高度的挑戰性），我其實並不意外，但經過一番評估之後，我認為這趟旅程並不適合我。如果我年輕一些、身體狀況好一些，或許就會去吧！

因此，在前往機場的路上，當薩古魯問我是否有意前往時，我的回答是：「不，我沒有這個打算耶！」

「為什麼呢？雪柔。你應該去的。你如果去了，會對你有好處的。」

這話委實出乎我意料之外。我經過了長時間的考慮，才做出不去的決定，也認為這樣的決定才是正確的，因為我相信那趟路程對我來說不僅太過艱難，也太過辛苦。但我沒想到會和薩古魯談及此事，而且他居然還說如果去了會對我有好處。我知道，薩古魯是絕對不會輕易說出這種話的。想到這裡，我不禁心裡一沉，深怕自己可能會不顧一切地踏上這趟旅程。於是，我對薩古魯說道：「事情是這樣的：如果我不致因此而送命，我倒真的很想去呢！只是考量我的年紀、身體狀況和其他因素，我覺得我實在辦不到。」

薩古魯聞言大笑，接著便說：「雪柔，如果這事不會讓你送命，就不值得去做了！你只有在死去之後，才能真正活過來。岡仁波齊峰是世界上最奇特的一個地方。如果要死，不如就在那裡死吧！」

後來，我真的去了。不過，那是後話了……

那獨一無二的存有

肉體

心靈

只不過是工具

讓我們藉以認識

那獨一無二的存有

——薩古魯

附錄1

艾薩瑜伽課程

艾薩的瑜伽課程擷取了古代瑜伽科學的精華，並將其公諸於世，讓每個人都可以採取明確的步驟，以獲致內在的成長。這些課程都是由薩古魯親自設計規劃。它們提供了一個難得的機會，讓人們得以在一位已經悟道的瑜伽行者的引導下認識自我並發現自己的潛能。

這些課程都兼具深度與廣度，並強調實際的體驗，同時也提供學員各種方法，讓他們得以健全自我、增進活力，藉以奠定靈性成長的基礎。「艾薩瑜伽」基礎課程所教導的方法雖然簡單，卻很有效，可以讓學員們打好基礎，以便進行內在探索和自我轉化。

「艾薩瑜伽」的課程適合來自各種社會與文化背景的人士學習，其內容包括一些簡單的姿勢、靜坐冥想以及其他能夠有效轉化自身能量的方法，即使肢體不靈活、對瑜伽毫無概念也沒有相關體驗的人也可以修習。

基礎課程

內在工程課程

「內在工程」是「艾薩瑜伽」的基礎課程，在美國許多城市都有開設。在這個為期七天的密集式課程中，學員們可以學到如何透過瑜伽的內在科學改造自我，讓自己打好基礎，以便進而探索生命的更高維度。一旦掌握了恢復自身活力的方法，就能讓自己在身體、心靈與事業等各方面都達到巔峰狀態。想在職場和私領域中有卓越表現的人也能夠在課程中學會如何和同事、家人、鄰居乃至自己（這是最重要的一環）建立有意義的、令人愉快而滿足的關係，並學習如何在應付繁忙的工作之餘也能滿足自己內心的需求，讓自己處於平靜、快樂、健康的狀態。

這門課程有助緩解現代人的壓力，並依據瑜伽的科學提供簡單而有效的方法，幫助人們淨化身體、增進健康並提升內在的幸福感。課程內容包括：神聖的香巴維大手印（Shambhavi Mahamudra）和引導式的冥想。人們如果能夠經常練習這些方法，將能夠提升自己對生命的體驗。

身心整合課程

這是薩古魯在印度「艾薩瑜伽」中心所創辦的一個為期八天的住宿式課程。他以科學的方法規劃課程內容，目的在提供學員一個有助他們進行自我探索與自我轉化的環境。這是一個真正地全面性課程，不僅將每位學員都視為一個完整的個體，也重視身心靈統合的必要性。

「身心整合課程」的重點在學習有助於恢復元氣、減輕壓力和預防疾病的身心淨化法。這些方法會在不知不覺間改變一個人體內的化學作用。今天的科學研究已經證實人類的身體和情緒狀態都有其生物與化學基礎。「身心整合課程」的目標在於改變一個人體內的化學作用，使其達到身體健康、心情愉悅、生氣蓬勃的狀態，並因而逐漸得以體驗較高的靈性維度。

這項課程的的主要內容包括「夏克提．查拉那．克里亞」（Shakti Chalana Kriya，這是一套效果強大、能夠淨化身心的呼吸技巧）、動態的瑜伽體位法（asana）和「空無冥想」（Shoonya meditation，一種輕鬆自然、什麼都不用做的冥想，能夠打通身體、心靈與情緒上的鬱結，讓一個人的生命能量能夠自然而然地散發出來）。

進階課程

巴瓦斯邦達課程

巴瓦斯邦達課程（Bhava Spandana Program，簡稱BSP）是一個為期四天三夜的住宿式課程，招收的對象是那些已經修完「內在工程」或「身心整合」課程的學員。這個進階冥想課程是由薩古魯親自規劃，其目的在讓學員們有機會超越身體與心智的限制，體驗更高的意識層面以及無盡的愛與喜悅。

根據薩古魯的說法，艾薩的瑜伽課程旨在陶冶一個人的心智、強化他的身體與能量，使他得以看到物質世界以外的種種。練習瑜伽的目標在於強化一個人的能量，使其得以逐漸掙脫物質世界的限制，體驗到物質維度以外的生命。這只是一個預備性的課程，其目的是使人的心智愈來愈不會抗拒自身能量的流動。

巴瓦斯邦達冥想有助達成這個目標。其作用就像是讓一個人跳起來，從而得以看到牆壁另一邊的景象，使他「體驗到超越限制的滋味，並因而知道終有一天他必須翻牆去看另一邊的風景」。

山姆亞馬課程

山姆亞馬（Samyama）課程是由薩古魯在印度「艾薩瑜伽中心」開設的為期八天的住宿式課程。山姆亞馬靜坐使人有機會得以擺脫業力的枷鎖、淨化身心，以便接受來自高層的能量。這項課程讓學員有機會在一位已經開悟的瑜伽行者指導下提升自己的意識層級，體驗深深進入冥想狀態的滋味。

其他課程

哈達瑜伽

哈達瑜伽課程是「艾薩瑜伽」所舉辦的兩到三天的住宿式課程。參加的學員可以學到拜日式以及一系列的瑜伽體位法，即使從未有過瑜伽經驗、肢體不甚靈活或從未上過「艾薩瑜伽」其他課程者也可以參加。教師指導體位的手法深入而精準，因此學員們只要上過課就能夠自己在家中練習。艾薩的哈達瑜伽絕不只是單純地肢體鍛鍊，而是以科學方法規劃而成的一組完整的瑜伽體位法。學員們只要經常練習，就能夠相當程度地駕馭自己的身體與心智。艾薩的哈達瑜伽不僅能夠增進健康，提升幸福感，也能平衡身心，使人得以體驗更高層的能量。本課程乃是修習其他「艾薩瑜伽」課程之前的預備課程，可使人們在做克里亞瑜伽和靜坐冥想時有更深入的體驗。

艾薩兒童瑜伽

艾薩兒童瑜伽讓每個孩子都有機會發揮他們的潛能，並讓他們得以表現出兒童天生的特質，例如對大自然的驚奇與感動以及與生命連結的能力，並享受這個過程中所帶來的愉悅。

這項課程透過有趣、開心的探索，讓孩子認識瑜伽，也讓每一個孩子得以成長進步，並處於身體健康、心靈安詳的最佳狀態。

艾薩兒童瑜伽課程內容包括簡單的瑜伽練習，例如夏克提．查拉那．克里亞和幾種瑜伽體位法，並培養孩子的責任感以及敬畏生命的態度。這些內容都是透過有趣的比賽和遊戲的方式來呈現，讓孩子們產生對團體的歸屬感，並體驗與生命合一的滋味。

兒童在上過這項課程後，注意力和記憶力往往都會改善，心思更能專注，身心也會更加協調。他們在課堂上所學到的瑜伽，將可有效預防肥胖症、氣喘、鼻竇炎等各種慢性疾病。

附錄2

艾薩基金會

「艾薩基金會」（Isha Foundation）是一個沒有宗教色彩、不以營利為目的的公眾服務組織，其目的是增進人類在各方面的福祉。艾薩基金會的活動包括有效的內在轉化課程以及各項激勵人心的社會計畫與環保計畫等等，希望能夠創造一個具有包容性的文化，為全球的和諧與進步奠定良好的基礎。此一做法已經得到了全世界的認可。艾薩基金會也因此被聯合國經濟及社會理事會（the Economic and Social Council，簡稱ECOSOC）列為享有「特殊諮詢地位」（Special Consultative Status）的機構。

本基金會在全球兩百多個地方都設有辦事處，一共擁有數百萬名積極投入的志工，目前各項活動都在如火如荼地進行中，成為世界各地人民賦權與社區活化的典範。

艾薩瑜伽中心

「艾薩瑜伽中心」（Isha Yoga Center）是在艾薩基金會所創辦的一個機構，位於維靈吉瑞山脈的丘陵地帶，佔地一百五十英畝，草木繁盛，且位於保留林區，野生動植物數量繁多。該中心是一個效果強大的心靈成長機構，迄今已經吸引了來自世界各地的許多人士。其特色在於提供各式各樣的瑜伽課程——包括智慧瑜伽、業力瑜伽、克里亞瑜伽和奉愛瑜伽——並復興傳統的師徒體系，使得知識能從上師到弟子一脈相傳，綿延不絕。

艾薩瑜伽中心擁有一座建築風格獨特的斯邦達大廳（Spanda Hall）。這是一座佔地六萬四千平方英尺的靜坐廳和許多高階住宿式課程上課的場所。除此之外，中心內還有瑜伽聖殿迪阿納靈伽、希爾泰昆（Theerthakund）、艾薩回春中心（Isha Rejuvenation Center）、艾薩家庭學校（Isha Home School）、一個名為「納蘭達」（Nalanda）的大型會議中心以及「瓦拉普拉沙家庭中心」（Vanaprastha for families）。總而言之，艾薩瑜伽中心提供了一個優良的環境，有助於人們建立健康的方式、改善人際關係、進一步自我實現並且充分發揮自身的潛能。

迪阿納靈伽瑜伽聖殿

迪阿納靈伽是一個效果強大且獨一無二的能量體，是由薩古魯根據瑜伽科學的精華所建造的，也是兩千多年來唯一得以完成的能量體。迪阿那靈伽瑜伽聖殿是一個供人冥想的空間，不屬於任何教派，不舉行任何儀式或禱告，也不供奉任何神祇。

迪阿那靈伽聖殿是一個沒有柱子的圓頂建築物，堪稱建築界的奇觀。位於其中的迪阿那靈伽充滿能量。即使從未打坐過的人士來到此地後也能夠進入深沉的冥想狀態，一窺生命的本質。

每天都有成千上萬人聚集在這座獨一無二的冥想中心尋求內心的平安與靜謐。如今迪阿那靈伽已經是艾薩瑜伽中心最受人矚目的地點，並迅速成為全球最受歡迎的冥想場所之一。

艾薩瑜伽課程

艾薩瑜伽課程讓每個人得以採取具體而明確的步驟，追求內心的成長。這些課程都是由薩古魯規劃而成，提供人們一個極為難得的機會，讓他們能在一位已經開悟的上師引導下認識自我並發現自身的潛能。

艾薩基金會在全球各地都定期開設各式各樣的課程。這些課程可以幫助人們重拾健康與活力，讓他們心情平靜、頭腦清明，並且感受到深深的喜悅。人們可以輕易地將這些課程融入自己的日常生活中，以達到內在覺醒的目標。

農村再生行動

「農村再生行動」（Action for Rural Rejuvenation，簡稱ARR）是薩古魯長久以來的夢想，也是一項極具開創性的社會外展計畫，其目的在提供全面而持續的農村復興服務，例如對印度的農村社區提供免費的醫療援助、瑜伽課程、自然體驗課程並舉辦社區運動會等，讓村民們（包括婦女及兒童在內）有機會得以為自己的生命負責並尋求自身的最大福祉。到二〇〇七年七月為止，印度南部受到ARR援助的村莊已達三千五百個以上，受惠人數達一百七十多萬人。目前，這項計畫正逐漸擴及非洲的西北部。

艾薩智慧鄉村學校

「艾薩智慧鄉村學校」（Isha Vidhya）是艾薩在教育方面推動的新方案，旨在提升印度農村地區的教育水平與識字率，以幫助弱勢兒童充分發揮自身的潛能。這項方案的目標是確保農村地區的兒童能夠受到良好教育，以便創造均等的機會，讓所有人都能參與印度的經濟成長過程並因之而受惠。

這些學校都是以創新的方法採行電腦化的英語教學，讓每一個孩子都能得到全方位的發展與茁壯，並使他們有足夠的能力迎接未來的挑戰。薩古魯的目標是在未來的五到七年間，在坦米爾納德邦各區創辦二百零六所採行電腦化教學的學校（至少每區一所），讓孩子們為進入大學就讀而預做準備。預期在這項計畫完全上路時，將會有五十餘萬的學子受惠。

綠手計畫

「綠手計畫」（Project GreenHands）是艾薩基金會所推動的一項鼓舞人心的生

態保育計畫，旨在預防並扭轉環境惡化的趨勢，使人類得以永續生存。目前該計畫正致力於擴大印度南部泰米爾納德邦的綠地面積，增幅為百分之十四。未來主辦單位將號召民眾廣泛參與，預計在二〇一〇年前在該邦種植一億一千四百萬棵樹。

二〇〇六年十月十七日舉行的大規模植樹馬拉松運動便是該計畫所採取的第一項行動。當天共有超過256,289位志工參與。他們僅僅花了一天的時間便在坦米爾納德邦的二十七個行政區內的6,284個地點種下了852,587株樹苗，創下了一項金式世界紀錄。

艾薩回春中心

「艾薩回春中心」位於維靈吉瑞山脈寧靜的山麓丘陵上，為濃密的森林所環繞。該中心的宗旨是協助個人體驗健康的身體所帶來的平靜與喜悅。中心內提供由薩古魯以科學方法規劃的各種獨特而有效的療程，藉以強化並平衡人們的生命能量。這些療程綜合了對抗療法、阿育吠陀療法、悉達醫學、各種輔助性的療法以及古印度各科學與靈性宗派的崇高智慧，能夠大幅減緩老化過程，並使得一些原本已經無藥可醫的患者得到了奇蹟般的康復。

「艾薩回春中心」的所有營收都捐贈給「農村再生行動計畫」，用來為農村居民提供免費的醫療照護。

艾薩家庭學校

「艾薩家庭學校」成立的宗旨是讓孩童得以在一個有家庭溫暖但同時也充滿挑戰與激勵的環境中受到良好的教育，讓他們的心智得以成熟，並有全方位的發展。

「艾薩家庭學校」的教師陣容包含來自世界各國的知名人士，課程則由薩古魯本人親自參與規劃設計，目的在激發孩子與生俱來的學習心與求知慾。教學重點是提升學童的學業表現，使其能符合國內外的標準，但同時也灌輸他們生命的價值，培養其生活技能。該校並不傳布任何特定的宗教、哲學或意識形態，而是鼓勵孩童更深入地體驗並了解生命的根本法則。

艾薩企業

「艾薩企業」成立的目的是透過眾多產品與服務將艾薩的精神帶入社區的家庭與環境中，以期豐富人們的生活。該公司所提供的產品與服務包括建築設計、營造工程、室內設計、家具的設計與製造、景觀設計、手工藝品、家飾用品和「艾薩衣飾」公司（Isha Raiment）所出品的名牌服裝。

「艾薩企業」所有的營利所得都用來作為艾薩基金會「農村再生行動計畫」的經費，以服務印度農村的居民。

如何前往艾薩瑜伽中心

「艾薩瑜伽中心」位於維靈吉瑞山脈的山麓丘陵上，隸屬於尼爾吉里生物圈保護區（Nilgiri Biosphere），距離東邊的孔巴托市三十公里。孔巴托是印度南部的工業城市，航空、鐵路和道路交通都非常發達。印度各大國家航空公司都有定期班機從清奈（Chennai）、德里、孟買和班加羅爾飛往孔巴托。印度各大城也都有火車開往孔巴托。孔巴托市內也有公車和計程車定期駛往「艾薩瑜伽中心」。

由於「艾薩瑜伽中心」的住宿處通常很早就被預訂一空，因此遊客如欲前往，最好提前與該中心聯絡，確定是否還有空房，並最好及早預訂。

聯絡資訊

艾薩瑜伽中心
Semmedu （P.O.）, Velliangiri Foothills
Coimbatore 641 114, India
電話：91-8300083111
電郵帳號：info@ishafoundation.org

艾薩內在科學學院
195 Isha Lane,
McMinnville, TN 37110, USA
電話：931-668-1900
電郵帳號：info@ishafoundation.org

艾薩內在科學學院
1-2 Silex Etreet, London SEI ODW,
United Kindom
電話：44(0)2080370203
電郵帳號：uk@ishafoundation.org

網址：www.ishafoundation.org

關於作者

雪柔·席夢（Cheryl Simone）畢生研究人類潛能、追求靈性，並身兼企業家、人妻、人母以及數家公司的執行長等身分。她住在美國喬治亞州的亞特蘭大市，電郵帳號是 cheryl.simone@yahoo.com。

薩古魯（Sadhguru Jaggi Vasudev）既是瑜伽行者，也是神祕家，能看到異象，是一位與眾不同的靈性大師。他的思想深刻、態度務實。從他這一生的經歷和作為，我們可以明白：內在的科學並非過時的深奧學問，而是和我們這個時代密切相關的現代科學。薩古魯的談話總能深入問題的本源，而且充滿熱情、發人深省，極具洞察力，不僅邏輯清楚，也相當風趣機智，因此如今他已經成為世界知名的演說家和意見領袖。

薩古魯經常巡迴世界各地演講，也經常應邀出席全球各地的知名論壇，談論人權、企業價值以及與社會、環境和存在相關的議題。他曾經以代表的身分出席聯合國的「千禧年和平高峰會」，也是「世界宗教暨精神領袖理事會」（World Council of Religious Leaders）的成員，還曾經特別應邀出席「澳洲領導統御靜修營」（Australian Leadership Retreat）、「泰柏爾論壇」（the Tällberg Forum）和二〇〇六、二〇〇七在瑞士達沃斯召開的「世界經濟論壇」（the World Economic Forum）。他在這些場合演講時精準地剖析了當前的社會議題與世界局勢，並以科學方法探討有關人類福祉的問題，使得聽眾留下了深刻的印象。

在深夜遇見薩古魯

出　　版／楓書坊文化出版社
地　　址／新北市板橋區信義路163巷3號10樓
郵政劃撥／19907596 楓書坊文化出版社
網　　址／www.maplebook.com.tw
電　　話／02-2957-6096
傳　　真／02-2957-6435
作　　者／薩古魯・賈吉・瓦殊戴夫
　　　　　雪柔・席夢
翻　　譯／蕭寶森
企劃編輯／陳依萱
校　　對／黃薇霓
港澳經銷／泛華發行代理有限公司
定　　價／380元
出版日期／2020年7月

國家圖書館出版品預行編目資料

在深夜遇見薩古魯 / 薩古魯 . 賈吉 . 瓦殊戴夫 , 雪柔 . 席夢作 ; 蕭寶森譯 . -- 初版 . -- 新北市 : 楓書坊文化 , 2020.07　面 ;　公分

譯自 : Midnights with the mystic :
a little guide to freedom and bliss

ISBN 978-986-377-600-0（平裝）

1. 席夢 (Simone, Cheryl, 1953-)　2. 瓦殊戴夫 (Vasudev, Jaggi, Sadhguru.)　3. 瑜伽　4. 靈修

137.84　　109006022